中国旅游业普通高等教育“十三五”应用型规划教材

旅游服务语言的艺术、技巧与应用

刘德鹏◎编著

中国旅游出版社

中国旅游业普通高等教育“十三五”应用型规划教材
编审委员会名单

总 序

受中国旅游出版社的邀请，由我担任中国旅游业普通高等教育“十三五”应用型规划教材编审委员会主任。本人自1993年跻身高等旅游教学团队之列，至今已25年，大概从2013年起，自认为在旅游管理教学方面有了一些心得，于是就产生了为我国高等院校旅游管理专业本科及其专业核心课程开发一套教材的想法。基于旅游行业对于应用型、实战型、复合型人才的要求，意欲对旅游管理专业的理论知识、技术或技能体系进行全方位、多维度的系统梳理，使教师能够更有自信并能更有针对性地开展教学，学生能更准确、更明白、更直接地了解、熟悉、掌握、运用有关旅游管理的理论知识、技术或技能体系，提高其从事旅游管理的业务能力。中国旅游出版社提出中国旅游业普通高等教育“十三五”应用型规划教材的编写计划，可以说是正中下怀，得偿所愿。

2016年3月5日，中国旅游出版社和南昌大学旅游管理系（现为旅游学院），联合10多所高等院校，举行了编写会议。会议最终确定了以南昌大学江西发展研究院院长黄细嘉教授为主任委员兼总主编和总协调人，江西财经大学旅游与城市管理学院院长邹勇文副教授、江西师范大学旅游系主任冯淑华教授、江西科技师范大学旅游学院院长周叶教授、南昌师范学院旅游与经贸学院院长殷剑副教授、九江学院旅游与国土资源学院院长李松志教授、赣南师范大学历史文化与旅游学院副院长樊国敬副教授、井冈山大学商学院旅游管理教研室主任王伟年教授、上饶师范学院历史地理与旅游学院院长张志荣教授、南昌工程学院工商管理学院旅游管理教研室主任涂远芬副教授、宜春学院经济与管理学院院长胡林龙教授、南昌大学经济管理学院旅游管理系龚志强教授、南昌大学经济管理学院旅游管理系主任付智副教授12位江西旅游教育界学者为副主任委员，中国旅游出版社段向民编辑、南昌大学经济管理学院旅游管理系旷天伟副教授为秘书长的教材编审委员会。会议明确了该套教材由7门旅游管理专业本科核心课程和6门特色课程组成：旅游学原理、旅游经济学、服务运营管理、旅游目的地管理、旅游消费者行为学、旅游资源管理、旅游法规、旅游电子商务、旅游调查方法与实务、旅游形象推广、旅游规划与项目策划、旅游案例分析、旅游创意与创业。这次会议明确了组织构架，安排了相关编写人员，确定了编写计划，之后立即投入工作。

作为编审委员会主任，必须想清楚、弄明白到底什么是教材，以便于确立编写要求并指导编写。一般来说，将教材区别为广义和狭义两种。其中，广义的教材泛指对人有教育作用、有利于学习者增长知识或发展技能的所有材料。其形式并不仅限于教师自己编写或设计装订成册或正式出版的书本，还包括计算机网络上使用的各类学习材料。狭义的教材是根据教学大纲和实际需要，为师生教学应用而编选的材料（即教科书）。我个人认为，当下教育部倡导或组织编写的国家级规划教材，是最典型的教材，都是在总结前人研究成果和经验材料的基础上，形成一般性知识概念界定和成熟理论概括，并非提倡将个人的学术创见作为教科书传授的内容。也就是说，只有当一种理论和知识成为学界普遍接受的观点时，它才可以被写进教材。因此，教材虽是反映人类社会具有普遍价值的知识，但它还有一个不断修改、充实、提炼、完善和提高的过程。教材旨在为教师的教学工作提供核心主题、基本线索，为学生的学习活动提供知识结构、操作方法，旨在培养其能力素养。因此教材就需要体现教师实力、贴近学生实际、跟随时代与行业潮流，引导学生进行自主探索与合作交流，并关注对学生人文精神的培养，注重多维教学方法的运用。只有明白教材的作用与意义，我们才能知道自己是否适合、是否可以、是否应该从事教材编写工作。教材虽是编纂、编写、编著，但同样是一件不容易的事，因为它反映和传播的是人类学术共同体的“公识”和社会所普遍接受的“共知”，所有的概念、原理、范式、模型，必须是深入其里、出乎其中、得其要义的。一般没有理论积淀、知识集成、教学积存、实践积累的人，是难以登其奥堂的。

可以说，教材编写，于学术研究是一项登堂入室才可出神入化的工作，于知识传承是承前启后方能继往开来的工作，于人才培养是一项利在当代才能功在千秋的工作，于教育教学是一项科学严谨才不会误人子弟的工作。因此，其编写人员，应该具有丰富的教学实践经验以及较深的学科专业造诣，对本学科专业及相关学科专业的现状及发展趋势，有全面深刻的了解，同时还要有与时俱进的能力和改革创新的精神。此次中国旅游业普通高等教育“十三五”应用型规划教材，在方法上努力解决“怎样编”的问题，即把握好继承、发展与创新的关系，在研究、消化、吸收以往相关著作和同类教材的基础上，有所继承、有所发展、有所创新，把握趋势、调整方法；内容上明确“编什么”的问题，即要有一个宏观的把握，遵循完整性、系统性、科学性、实用性、针对性等原则，在素材和案例选取时，要体现旅游管理学科专业的本质、联系旅游产业发展实际、体现旅游管理专业特色，关注旅游业的热点问题。国内外旅游实践中的实例，应展现旅游管理应用型教材的知识概念、学理结论、逻辑思想、实践方法，即以是否反映教材知识的实际应用为原则，组织材料、编写内容；在主体对象上处理好“为谁编”的问题，即充分体现“以学生为本”“以学生的终身职业发展为本”的教育理念，注重学生的实训、见习、实习、实践教学环节的设计及运用知识分析问题、解决问题的能力和创新、综合、实战能力的培养。

当然，旅游管理专业教材的编写，不能完全出于个人追求和意愿，最主要的还是要适应全域旅游发展趋势下对旅游管理人才培养的新要求。该套教材的编写，主要缘于教育部将旅游管理类专业确立为应用型专业的教学改革精神，为顺应中国旅游业转型升级对高等旅游管理教育的新期待，进一步提高旅游管理专业本科课程教材水平和质量，推动应用型高等旅游管理类专业的国家级规划教材建设，深化旅游管理专业教学改革，发挥教材建设在提高人才培养质量中的基础性作用，根据教育部普通高等学校旅游管理类专业本科教学指导委员会历次会议，关于教材建设的相关要求，现以我所在的南昌大学为主体，主要联合其他各大高等院校多年从事旅游管理专业本科教学的教师，共同完成教材编写工作。

本套教材是普通高等学校旅游管理专业本科核心课程和特色课程教材，编写者在认真研究21世纪旅游管理专业本科教材建设的新思路、新机制和新方法基础上，力求开发一批既能反映现代科学技术先进方法，又符合我国旅游行业人才培养目标和培养模式要求；既对应用型旅游管理专业本科人才培养具普遍适用性，又对旅游管理高端应用型人才培养具特殊针对性的教材。在此，对于教材的定位，有几点宏观的原则性要求：一是追求教育高品位、教学高水平、教材高质量的精品教材，二是致力于所编内容有分量、所选案例有价值、所做阐述有贡献的经典教材，三是编写占领学科前沿阵地、体现专业前卫实践、反映学生前景应用的先进教材，四是钻研体现教师严谨教风、学生严肃学风、教学严格作风的严实教材，五是开发树立涵养创意策划思想、培育创造精神、培养创业能力的创新教材。即编写一套材料选择精当、案例分析精到、表现形式精致、篇章内容精深的精华教材。

本套教材力求反映高等学校旅游管理专业本科教学必需的基础理论、基本知识、基本技能和业务操作常识，课程体系建设立足旅游行业的现状特点和发展态势，以及人才市场的新需求。教材的特色追求主要体现在：一是围绕高端应用型、技能型旅游管理专业本科人才培养目标，参照旅游行业职业岗位任职要求，引入行业、企业技术标准或规范，实现专业课程内容与职业标准对接；二是紧贴旅游行业的最新发展变化，主动适应旅游经济发展需要，突出应用性与基础性、实践性与理论性、前瞻性与回顾性、灵活性与原则性、内生性与开放性的统一；三是根据应用型旅游管理专业本科课程体系、教学内容要求和学生学习特点，在进行教学组织时，要求重视学生课堂的理论与知识讲解教学、教学基地的技能与技术实训演练、实际工作部门的见习与实习等实践活动，将旅游管理专业本科教学过程与旅游行业实践活动过程有效对接，提供相应的实践教学环节的课程设计、毕业设计方案；四是根据应用型人才培养需要，体现个性化与通用性、规范化与创新性、稳定性与动态性相结合，定制化培养旅游企业操盘手、项目营运师、职业经理人和文创策划师等高端应用型旅游管理人才，服务国家和地方旅游经济发展。

本套教材的主要适宜人群是从事旅游管理专业本科教学的师生以及旅游与文化等产业的从业人员。我们力求以旅游实践、行业技能等应用为导向，兼顾理论与知识体系的构建，为旅游管理专业师生提供一套较为系统完整的旅游管理理论知识、技术或技能体系。理论不断创新、知识不断更新、技术技能立新，教材的编写也存在一个既相对稳定又不断发展的过程。本套教材难免存在不足和疏漏之处，敬请各位同行和广大读者批评指正！

黄细嘉

2017年5月

推荐序

目前，作为我国国民经济新增长点的旅游业正在快速蓬勃地发展。旅游产业的发展也为旅游教育的发展，尤其是旅游高等教育的发展提供了前所未有的机遇。2014 年，国务院颁布了《关于促进旅游业改革发展的若干意见》(国发〔2014〕31 号)，要求加快与促进旅游业的转型升级。而培养旅游人才的高等院校也就因此负有不可推卸的责任，应为旅游业的转型升级提供强有力的人才支持。为满足我国旅游业对应用型、创新型旅游专业人才的需求，亟须编著既有符合旅游管理专业本科教育需要的理论知识、又能够培养与提升旅游管理专业学生的实践应用能力的专业教材。

旅游服务语言具有很强的艺术性与观赏性，能给游客带来极大的心灵享受，提升游客的旅游体验；同时，旅游服务语言又具有强烈的感染力，能拉近旅游从业人员与游客的心理距离，形成良好的互动氛围。只有经过科学严格的语言训练，学生才能掌握旅游服务语言的理论知识并提高实际运用语言艺术的能力。努力学习旅游服务语言艺术的基本理论知识，才能做到"腹有诗书气自华"，做到"内化于心、外化于形"。旅游管理专业的学生具有良好的旅游服务语言运用的能力，可为今后为游客提供优质的旅游服务奠定坚实的基础。

本书作者正是熟知旅游服务语言与旅游服务技能的天然联系，但目前旅游管理这一学科缺乏这方面的教材，故而作者将自己多年从事旅游服务语言艺术教学的讲义加以整理出版。这是作者多年教学实践经历的总结，更是旅游学科的一大幸事。作者在内容上强调理论与案例相结合，特别突出旅游服务语言运用的场景，为旅游管理专业学生提供真实的情景式语言训练环境，提升学生的旅游服务语言技能。可以说，本书的内容既具有针对性、实用性与操作性，又注重科学性与创新性的统一。

总之，这是一本极具旅游服务语言艺术特色的新型教材，乐为推荐。

是为序。

龚 鹏

2019 年 6 月

前　言

旅游管理专业是一门兼具理论性与实践性特点的专业，既强调学生对理论知识的掌握，也强调学生的实践能力。随着国家发改委、教育部、人力资源和社会保障部联合发布《关于编制“十三五”产教融合发展工程规划项目建设方案的通知》(发改社会〔2016〕547号)，其中建设应用型本科高校是其中内容之一，许多高校随之转向应用型发展方向。目前，建设应用型大学有两个办学方向，即应用型和应用—研究(学术)混合型。不论是专业特点的要求，还是教育转型的需要，深化改革旅游类教材成为一种现实。旅游服务语言水平是旅游从业人员的一种软实力，但近年来，关于旅游服务语言方面的本科教材较为鲜见，因此，本书应时代需求而生，在编写时既考虑本科教育教学的特点，又着眼于旅游行业对人才需求的实际，重点讲解旅游服务有声语言，将理论与案例进行有机结合，力求通俗易懂、与行业紧密联系。

本书的最大特点在于：

首先，通过情景式案例让学生融入案例环境与角色，从而进行旅游服务技能、旅游服务语言的立体化训练；

其次，在案例来源方面，选择与本科专业就业最相关的酒店、旅行社、景区、服务咨询公司等前沿案例，这些案例多来自学生实习期间或工作期间的亲身经历，具有一定的真实性和引导性；

再次，本书突出旅游服务的有声语言综合实训，围绕“旅游服务语言艺术的应用能力与水平”这条准则设计实训项目，突出能力培养。

该书参考学时34–48，建议讲授时间与实训项目交叉进行，也可在理论讲授后，进行单独的实训项目安排。

本书是宜春学院自编自著教材立项项目，由宜春学院经济与管理学院旅游管理专业教师刘德鹏担任主编，在编著过程中得到了同教研室老师龚鹏教授、教研室主任刘纯副教授、冷小黑副教授的极大鼓励，特别得到了宜春学院经济与管理学院胡林龙院长的大力支持，在此一并深表谢意！

感谢相关行业、企业对本教材的大力支持，感谢他们为本教材编著提供了丰富的一手案例。第一章第三节中的网站数据整理与分析及研究过程由刘启明担任。感谢凌德忠、胡志辉、陈珊、过天成、刘建、王丽春（2018级）、罗洪（2018级）整理案例，此外，本书参考了大量国内外研究成果，在此一并致谢。

刘德鹏

2019年6月

目录

第一章 旅游服务与语言艺术

【学习目标】

把握旅游服务的内涵，了解语言和言语，理解旅游服务语言的内涵，理解语言艺术对旅游服务的重要性。

【重点内容】

旅游服务的概念、旅游服务语言的概念、旅游服务语言艺术水平的重要性。

旅游服务语言是旅游工作者与旅游者之间为了表达愿望、交流感情、进行交往和解决各种问题而使用的一种媒介和工具。它不仅是一个国家和民族文明程度的象征，更是旅游服务质量与服务水平高低的重要标志。旅游工作者能否掌握旅游服务语言的应用艺术，既体现了其服务素质的高低，也关系着旅游者的满意程度和旅游事业的繁荣与发展。但就目前而言，对这样一个至关重要的问题还没有人进行全面系统的研究，因此，本章从旅游服务的概念入手，引出旅游服务语言的概念及构成要素、特点以及功能，以供参考。

第一节 旅游服务简论

【课堂导入】

请学生回忆总结一下自己在旅游的时候享受了哪些服务？请回顾之前学习的“旅

游”概念，引发对“旅游服务”的思考。

一、旅游服务的内涵

旅游是旅游者享受旅游服务的过程，旅游服务是旅游企业参与旅游业的行为外现。旅游服务质量的高低不仅影响到游客满意度，也影响到旅游企业的生存与发展。因此，旅游服务是旅游从业人员借助旅游景区景点和各种设施设备，通过旅游主客体之间（旅游从业人员与旅游者之间）的行为接触和活动，为旅游者构造美好旅游经历和体验、获得生理和心理的满足感，并使旅游企业和旅游从业人员获得利益的过程①。在这个定义中，我们可以知道旅游服务包括服务者、服务媒介、服务对象与服务目的，所有旅游企业提供的旅游服务过程无非如此。例如，酒店餐饮服务就是餐厅服务人员借助餐饮设施设备，通过与餐饮消费者的点单、上菜、斟酒斟茶、埋单及围绕餐饮的摆台、撤台服务，以及餐厅卫生、装饰等为消费者提供美食体验、环境体验，从而使酒店和酒店服务人员获得利益。

从供给的角度看，旅游服务是为满足旅游者精神和物质的需求，所提供的一切有偿服务和无偿服务的总和。旅游行业中各企业为旅游者提供食、住、行、游、购、娱、厕等一系列服务而专门设置了相应的企业或机构，有对旅游者进行宣传、招徕、接待的旅行社、旅游公司，它们要回答旅游咨询、提供旅游路线、选派翻译陪同、办理签证和保险、处理突发事件；有为游客提供餐饮、住宿的酒店、旅馆；有为游客提供游览的景区景点；有为游客提供往返便利的各类交通；有为游客提供购物的商业部门。旅游企业的旅游服务质量直接影响旅游客源的体验水平和评价，是发展旅游业需要高度重视的关键问题。

【新闻链接】

2019年上半年全国旅游厕所暗访：厕所革命显成效 仍有短板待补齐（节选）

2015年1月的全国旅游工作会议传达了推进“旅游厕所革命”的意见，计划利用三年时间改变旅游厕所数量、质量、分布、卫生等方面的问题。三年已过，实施情况如何呢？

就在近日，文化和旅游部公共服务司开展了2019全国旅游厕所建设与管理情况第三方暗访，通过委托第三方机构对旅游厕所实际开放情况、卫生状况、设施设备的齐全性、管理服务满意度等一系列问题进行了一次摸底抽查。

经过抽查，旅游厕所的整体感受度良好，有76.2%的厕所设置了无障碍设施，一

① 郑向敏 . 旅游服务概论［M］. 北京：旅游教育出版社，2007：3.

半以上的厕所公示了开放时间，整体而言，基本实现了“数量充足、分布合理，管理有效、服务到位，卫生环保、如厕文明”的新三年目标。但目前，旅游厕所革命还存在着发展不平衡、不充分问题，与快速增长的旅游发展和人民需求相比，厕所数量质量、管理服务、科技应用等方面仍有待提高。

暗访组相关负责人建议，旅游厕所的建设要做到科学规划、合理布局、方便实用、节能节水、保护环境、干净整洁、功能齐全，体现人性化、生态化。未来，在旅游厕所的建设与管理方面应当重点着力解决以下问题：无障碍设施不足、“第三卫生间”配置不足、管理规范缺漏、设备损坏与卫生等。通过补齐短板，提升品质，进而全面提升我国旅游厕所的建设管理水平。

资料来源：中国城乡环卫网。

问题思考：从旅游服务的角度看，旅游厕所革命有何意义？

二、旅游服务的要素

在上文中，我们讲到了提供旅游服务的不同企业能够提供的服务、凭借的设施设备是不同的，但旅游企业的旅游供给应该是围绕旅游需求开展的，在第三产业实用大辞典中，旅游服务的要素以需求为中心，对旅游企业服务提出了六大要素，即经济性、安全性、时间性、舒适性、文化性、参与性。

1. 经济性

即旅游企业应当从旅游者的利益出发，充分考虑游客支付成本与利益所得的平衡性，让旅游者得到了质价相符的服务，从而感到合算和满意，这是培养旅游回头客和“义务宣传员”，不断扩大企业客源的基本之路。

2. 安全性

即旅游企业在提供服务的过程中，要保证旅游者的生命不受到危害，精神和健康不受到伤害，财产不受到损失。安全性包括精神和物质两方面，重点在物质方面。

（设问：语言会带来安全性的问题吗？）

3. 时间性

即旅游企业应珍惜旅游者的每一分钟，为旅游者提供高效及时的服务。旅行社应为游客设计最省时的路线，紧凑的日程安排；航空公司、铁路应正点运行，不能延误游客的行程；餐厅供应食品要及时，不能让客人久等。省时高效的旅游，对于时间紧的游客具有很大的吸引力。

4. 舒适性

即旅游企业通过服务工作，使游客感到舒适满意，为此，应不断更新、增加、完善各种服务设施，使游客在使用这些设施时更舒适和方便。

（设问：服务语言会带来舒适性的问题吗？）

5. 文化性

即旅游服务要满足游客的文化要求，让游客在旅游的过程中拓展文化视野，增加文化修养。当前游客需求从观光型向文化型转变，不仅景区服务需要深入挖掘文化内涵，餐饮服务、住宿服务也需要展示文化内涵，如饮食文化旅游，游客不再满足于色、香、味，更想了解菜品的起源、典故等。

6. 参与性

即为满足旅游者日益增长的参与要求，旅游企业应使游客有更多的参与性活动，组织更多的参与性旅游。例如，安排联欢活动，做一日农民、各种竞赛等，使游客不再走马观花，还有更多的亲身参与和体验。此外，还可以组织游客亲自参与专项旅游或特殊旅游。

三、旅游服务的特征

不同教材尽管表述不同，但多以无形性、即时性（易逝性）、生产与消费的不可分性、异质性、综合性为主要观点进行论述；同时也有另辟蹊径的说法，如舒伯阳认为旅游服务具有无形性和即时性的一般特征，也具有异质性、情绪性、综合性、直接性的特殊属性[①]。本书作者认为旅游服务的特征可以从旅游服务的服务性质来说，也可以从旅游服务的过程及供给来看，这应该是不同学者表述不同的原因所在。鉴于此，本书认为旅游服务具有如下特征：

1. 旅游服务中生产与消费的同时性

旅游服务是旅游从业者与旅游消费对象在同一时空中，本着利益所需、条件互补所进行的生产与消费。例如，游客在某景区欣赏景观，可以在博物馆驻足浏览，在欣赏浏览的过程中，该旅游景区单位就为游客提供了游憩服务、讲解服务及一系列的安全服务。因此，旅游服务的生产与消费是同时进行的，这种同一时间、同一地点的服务特性为把控服务质量提出了严格要求。

2. 旅游服务的无形性

旅游服务的无形性是从服务的本质上而言的，是指旅游服务不是提供看得到摸得着的实物，而是基于游客感官的体验，当然这种无形要借助于有形的设施设备。例如，游客在景区接触的景观最终为游客带来的是宏伟、壮观、沧桑抑或文化性等审美、视野、知识等终极感受，这种终极感受与内心心理需求的匹配度是影响游客对景区满意度与忠诚度的关键。因此，无形性的特征为旅游企业提高服务质量提出了挑战。

3. 旅游服务的综合性

旅游服务是一种行业服务，不是单一部门的产物，是旅游业中各企业对旅游者的综合服务。旅游的异地性、旅游者的流动性及旅游资源分布的广泛性使得能够为游客提供

① 舒伯阳 . 服务运营管理［M］. 北京：中国旅游出版社，2016：22.

食、行、住、游、厕、购、娱所需的旅游企业多种多样，这是旅游服务综合性的原因与表现所在。

4. 旅游服务的异质性

旅游服务是人与人之间相互作用的结果，这种由人的行为所导致的结果具有一定的非一致性和非稳定性。首先，没有一种旅游服务的情景是一模一样的，即使在同一种环境中，游客个性的差异会导致服务需求的不同，进而会有不同的服务过程；其次，旅游从业人员的业务水平、业务思维的差异性会带来不同的服务内容与结果；同时，同一员工在不同的场景、面对不同的顾客也会有不同的服务理念与方式。此外，还有许多因素可能导致旅游服务的异质性。例如，在旅游服务迅速响应的要求下，从业人员可能追求速度而忽视了服务质量；在旅游服务压力较大的情况下，从业人员的工作心态可能更加谨慎，努力提高旅游服务的质量；等等。

四、旅游服务与旅游服务语言的关系

郑向敏（2007）认为“服务的内涵是服务主客体之间的活动关系。旅游服务的内涵是指因旅游从业人员与旅游者的行为接触而产生的各种活动关系，这种关系包含有主客体之间的经济利益关系、心理情感关系、社会文化关系，并贯穿于旅游活动的全过程。服务所具有的不可感知性、不可分离性、不可储存性以及产权的相对稳定性等基本特性，也存在于旅游服务中。旅游的综合性与交叉性、复杂性与广义性决定了旅游服务具有较为宽泛的外延。从旅游‘六要素’角度看，旅游服务的外延包括与旅游活动中食、住、行、娱、购、游六要素相关的服务内容，即饮食服务、住宿服务、娱乐服务、购物服务、游览服务等；从旅游‘三体论’角度看，旅游服务的外延则包括与旅游主体、旅游客体、旅游媒体相关的各种服务项目。随着旅游供给能力的增强以及旅游需求的日趋多样化，旅游服务的外延也在不断拓展和丰富，旅游服务的外延既涵盖了与旅游‘六要素’和旅游‘三体论’相关的服务内容，也涉及旅游以外的相关服务”。无论旅游服务的外延如何扩展，主客体是旅游服务系统的基本构成，旅游服务语言是旅游从业人员与旅游者接触沟通的主要工具。主客体之间是服务与被服务的关系，因旅游主客体社会角色的不同和心理情感的差异，使得旅游服务语言具有自身的职业特性和功能。

第二节　旅游服务语言

【课堂导入】

设问1：导游员介绍说“明月山温泉风景名胜区，位于宜春市城南，总面积136平方公里，距离宜春市区仅30公里，行车时间大约30分钟，当大家踏上这一行程，放松身体，您将体验到的是：60里山路弯弯，如入仙境；60里花果飘香，让人陶醉；60里山月相融，美景如画；60里人月相邀，情趣盎然”，这种口头的表达是旅游服务语言吗？

设问2：导游员在做上述说明时，用手势比画了30、60，请问，这个手势属于服务语言的范畴吗？

旅游服务语言伴随旅游服务而存在，是旅游从业人员与游客沟通的桥梁，旅游从业人员通过语言能够为游客提供明确性或引导性信息，也为游客提供解释性或安慰性的服务，因此，旅游服务语言的水平直接影响旅游服务质量。但旅游服务语言并非都是有声表达，这要从语言和言语的基本概念谈起。

一、语言和言语

首先从外部观察，语言具有多重物质特征。这些特征的方方面面，以及它们之间的各种关系，都是需要我们去认识的：语言是一连串顿挫抑扬、清晰可辨的声音，也是一个书写标符（文字）的网络，或是一通肢体的摆弄（肢体表达）[①]。语言总是具有一定的含义，它是“音义”结合的符号系统，是人类的交际工具和思维工具。例如，汉语以偏旁部首为主要特征，既有同字不同音的多音字，也有同音不同字的多义字；而英语则是以26个字母进行的组合。语言的具体运用，又产生了言语（说话、表达），讲究一定的语法、句型结构等。所以，语言是全人类的、抽象的、静态的，而言语则是个体的、具体的、动态的（见图1–1）。语言是言语的基础，语言是随着言语的不断进步而逐渐发展的。例如，“囧”这样的新兴字词、网红用语都是随着言语的发展丰富了汉语言的内容。而旅游服务语言是旅游服务人员在对客服务实践中所运用的语言，是语言在旅游服务场景中的具体运用，因此是言语的一种。

---

① ［法］朱莉娅·克里斯蒂娃．语言，这个未知的世界［M］．马新民，译．上海：复旦大学出版社，2015：6.

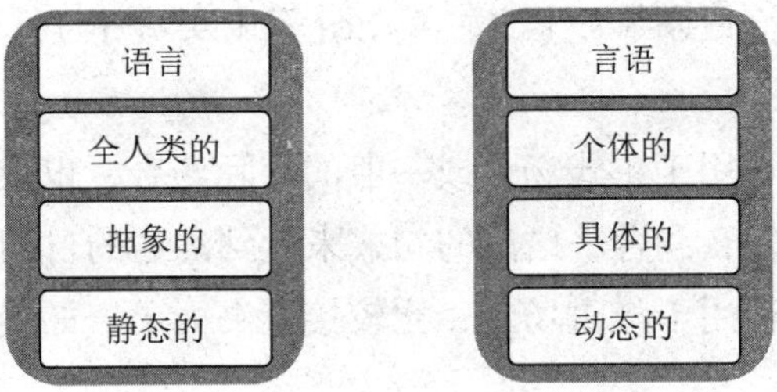

图 1-1 语言与言语的区别

二、有声语言和无声语言

我们把旅游服务言语称为语言，是从习惯和通俗角度考虑，实际上是指一种言语沟通能力，即运用语言工具完成旅游服务目标的能力。服务语言从物质表现形式上看，既可以以语言的形式来表现，也可以由人体态势来表现。从这个角度划分，服务语言分为有声语言和无声语言两种。

有声语言是指有声音的语言，它是以语音为表，以词汇为基，以语法为规律所构成的人与人之间的交流体系（杨中碧、马丽娜，2016）。旅游服务场景以从业人员与消费者之间面对面交流为主，因此，有声语言是旅游服务语言的主要表现形式。从概念上可知，简洁而准确的用词、规范而清晰的语音、科学而灵活的语速和完整无误解的句式是旅游服务有声语言的基础。

与有声语言相对应的就是无声语言，又称非自然语言、体态语言或动作语言，人们通过肢体、表情、眼神等方面的变化来表达人的情感和愿望。在服务场所中，旅游从业人员可利用无声语言弥补有声语言沟通的不足，如距离太远，有声语言传递效率低，那么可以通过手势打招呼，因此，无声语言在旅游服务活动中起着不可忽略的作用。

【练一练】

人类的面部表情、肢体动作、体姿等可以传递出丰富多彩的语意、细致入微的情感。它具有表情达意的鲜明性、直观性，能给人以深刻的印象。

请你用表情、眼神或简单的肢体动作来表达热情、蔑视、支持、戒备、郑重等，并思考无声语言可否替代有声语言，为什么？

三、旅游服务语言的语体

一些语言学者认为，依据不同的场合、不同亲疏关系，口头语有三种不同的语体：

一是家常口语体，适用于关系熟悉的亲友邻里之间，因其语言相通，且俚语成分较多，如洋火（火柴）、恰饭咯（吃饭）、买 hai 子（买鞋子），用词通俗，亲昵有余而缺少庄重感。

二是正式口语体，适用于正式场合或一般的交际场合，也或者对长者或关系不太熟悉的人，以通用标准的发音和合乎语法的句式来达到沟通的目的。

三是典雅口语体，适用于隆重场合，比较接近书面语，如接待外宾、领导等重要场合的讲话。

【想一想】

旅游服务语言的语体应该是什么呢？

服务人员与他们的服务对象即交际双方，共处同一场合，面对面地进行语言交流，这是旅游服务中最具特色、对旅游者最具吸引力的重要服务方式，语言成为完成服务的桥梁，因此，旅游服务语言区别于其他行业用语最明显的特征即口语化。但服务对象具有地域广泛性，语言背景千差万别，家常口语体容易产生沟通的障碍，因而属于旅游服务语言的忌用语；旅游从业人员与旅游者之间服务与被服务的关系决定了服务场合的尊重而非严肃的特点，典雅口语体也就不适合了，由此，正式口语体是旅游服务语言的主要语体。合理的语体表达是影响服务双方沟通的关键。

【同步案例】

上海某大饭店，一在位外地宾客由于某些原因需要在上海市多住些时间，为节省住宿费，希望酒店能够提供租金较低的客房，于是向前台说明了来意，接待的服务生用一种并无恶意的语气随口回应道："侬迭（这）个外地人倒也蛮（很）会钻的。"不料这位客人听到此话十分恼火，气氛一下紧张起来，将矛头直指服务生态度恶劣，直到领导出面赔礼道歉才算解决了问题。这位服务员受到了批评却感到十分委屈，表示自己并无恶意。

问题：宾客为什么恼火？

问题就出在错用语体、色彩不当上。饭店和顾客的关系，是一种社会组织（企业）跟消费者的关系，它由社会组织（通过服务人员）向顾客提供"服务"和顾客消费"服务"构成。处于这种关系下，作为旅游服务的提供者，应该尊重顾客，言辞上应文明礼貌、避免歧义，应该使用口语中的正式体。但这位服务员却用了家常口语体，俚俗成分颇浓（也许是平时说习惯了），这本身已隐含着对顾客不够尊重的意味，再加上"钻"字在上海口语中有"钻营""投机取巧"等义，具有贬义色彩，这位懂得沪语的外地客人为之愤怒也就不足为怪了。

总之，旅游服务语言是一种应用性非常突出的专业语言，它由有声语言和无声语言（体态语言和书面语言）两部分构成，其中有声语言以正式口语体的恰当词语、语速和语音语调给对方以听觉刺激，而无声语言包括书面语言和体态语言，给人以强烈的视觉刺激，使语言交流达到声情并茂的效果。

第三节　旅游服务语言艺术水平的重要性

如今，随着经济的不断发展，消费观念也随之变化，顾客对酒店服务水平和服务质量的要求越来越高，并根据服务水平的高低选择入住酒店。而在酒店服务质量环节中，酒店员工能否正确使用服务语言，给客人带来宾至如归的切身感受，对顾客感知酒店服务质量的好坏评价有着很大的影响。提升酒店服务水平的关键在于提升酒店员工的素质，而员工服务语言的水平是其素质构成的重要部分，是酒店员工智力技能的重要体现。服务语言艺术水平的高低很大程度上决定着顾客是否满意，进而影响员工绩效乃至组织绩效。已有文献中，有对酒店员工服务语言存在问题和对策的研究，也有对酒店员工绩效考核内容与方法的研究和酒店顾客满意度与组织绩效之间关系的研究，但却少有对酒店员工服务语言艺术水平与其绩效之间关系的针对性研究。因此本书所要研究的酒店员工服务语言艺术水平与绩效之间的关系，将有利于指导酒店行业员工素质培养，也有利于丰富相关研究成果。

一、相关研究述评

1. 服务语言与酒店服务语言的研究

服务语言是消费行为学关注的课题之一。服务语言是指在对客服务过程中，服务人员通过与客人接触、沟通交流，为客人进行服务所使用的语言。依据不同的使用场合或行业，可以有多重类型。酒店员工所使用的服务语言即酒店服务用语，其艺术性在于语言组织、表达的审美性。最早的相关研究见于 1995 年《旅游学刊》第 5 期的《语言艺术与酒店服务》。

服务语言除了具有沟通交流的一般功能之外，其艺术性水平受到行业、学者的关注。这一方面是社会文明道德高度化的结果（杜程程，2015），另一方面也是企业竞争的结果。这是因为酒店员工所表现的语言艺术，在个性化服务方面至关重要，直接决定着顾客自身感受到的服务质量和效果（徐东玲，2012；陈金，2013）。国内学者的大多数相关研究指出了服务语言的重要性，并提出语言运用的理论指导。由于酒店是一个标志性的服务行业，酒店服务语言艺术在酒店服务中的作用得到了诸多肯定与重视，服务人员是酒店与顾客接触最多并且直接接触的一群人，他们的服务语言艺术水平的高低会给客人带来很大差别的感受（杜程程，2015；杨金云；2013）。在中国，即便是五星级酒店里的一线员工，在语言的运用上依然出现各种问题（胡华，2012）。酒店服务语言艺术性研究上多是运用技巧与运用原则的指导。

国外在服务语言的相关研究上较为细致深入，在服务语言的研究上不侧重于具体行业或部门，但在相关研究中，由于考虑酒店这一服务型场景特征，故做服务语言的相关综述。研究人员指出，在全球范围内，世界上大约 50% 的消费者会说不止一种语言，世界上有一半以上的国家是官方多语言国家，而许多官方单一语言国家都有多种地方语言。鉴于此，营销人员已经开始关注广告或文本处理语言是如何影响消费者的。服务的特征是消费者与服务人员的参与性交互，良好的沟通对交互的结果至关重要，因此交互双方有一种可沟通的共同语言影响服务质量。但令人惊讶的是，服务领域中语言影响力一直是相对被忽视的研究领域。直到 Jonas Holmqvist 和 Yves Van Vaerenbergh 研究了母语在服务中扮演的角色，高介入性服务里（金融、医疗）母语尤为重要；低介入的服务（咖啡馆、酒吧、餐馆）中，老年消费者比年轻者更不愿意转换语言。Matteo De Angelis 等人研究了语言抽象性和具体性对消费者说服力的影响，在金融和医疗服务领域两个实验的结果表明，对有经验的人而言，可以更有效地接受抽象的语言，而非具体的语言。Monique L. Bell，Marina Puzakova 研究认为社会因素影响消费者语言偏好，包括文化象征、自我奖励与他人导向的消费焦点。Allison R. Benedetti 提出，用以读者为中心的语言提高图书馆服务。Johannes Marcelus Kraak，Jonas Holmqvist 认为员工服务语言可以发挥更广泛的影响，并以英国酒吧的实例实证了语言如何为顾客提供真实的服务体验。

2. 酒店员工绩效综述

酒店员工绩效是酒店绩效管理的内容之一，是指在工作过程中，员工为实现酒店经营目标所做的努力和贡献的收益。员工绩效受很多因素影响，既包括员工个人文化素质、知识技能、工作态度等，也包括酒店硬件设施、工作氛围、晋升机制、规章制度等（李志刚，2011）。认识到并及时改进酒店员工绩效考核中的问题，有利于提高酒店核心竞争力（牛青，2013），才能在市场竞争中时刻保持优势（张宏辉，2016）。酒店员工管理体系、酒店员工职业安全、员工敬业度、服务认知、领导风格对酒店员工绩效有不同程度的影响，因此，有必要建立并随着行业发展要求优化员工绩效管理体系（余慧，2016）。

国外影响酒店员工绩效的因素有多重研究：Amin（2017）等研究了 TQM、员工满意度与酒店绩效之间的结构关系，研究表明在提高员工满意度和酒店业绩方面，领导力和客户的专注扮演着重要的角色。管理层的工作乐趣是提升酒店一线工作团队绩效的有效手段。而工作不安全感对一线员工绩效产生影响。APPAW-AGBOLA 通过对加纳的小型和中型酒店的观察，研究了旅游行业的员工培训和表现，揭示了经过培训的员工更有能力执行不同的任务，但培训中的细节变量与绩效之间的关系有待进一步研究。

综上所述，服务语言的研究国内外相差较大，国内更多地集中在理论层面上的价值与意义的探讨，国外的实证研究多而深入，意在文化传播、服务营销的启示与管理。国内关于酒店服务语言研究较多，对其交互的重要性与国外有一致的认识，研究内容多集中于服务语言的运用原则与技巧。国内外有关酒店员工绩效的近年研究成果越来越多，影响酒店绩效的因素被逐一挖掘，所使用的研究方法既有定性研究，也有抽样调查与数理统计相结合。相关研究说明服务语言是影响绩效的因素之一，但其影响因素、影响度有待深入探讨。为此，本研究基于酒店服务语言的特殊性，对服务语言的艺术性进行维度划分，并将其纳入绩效因素的研究中，探讨酒店员工服务语言艺术水平与绩效之间的具体关系，以期对酒店服务语言教学、培训与管理带来针对性启发。

二、研究假设

1. 消费者满意度与员工绩效考核结果

传统的消费者满意度是从整体上对消费者满意度做出评价，但总体上的消费者满意度信息被用来改进酒店服务质量的效果并不理想。这是因为即使顾客对酒店服务的整体评价是满意的，但是涉及酒店的服务设施、员工服务技能、员工服务态度等具体因素，顾客的评价可能就大相径庭。这样就会加大酒店采取具体措施改善服务的难度。传统观点认为，改善影响酒店服务质量的具体因素，会逐步提升消费者的满意度，顾客的满意程度甚至会从不满意变成满意。现实情况并非这样，就算酒店服务的几个具体因素能让顾客满意，但并不代表顾客对酒店整体服务的评价很高，可能只是没有不满意，也没有满意的一种状态。因此提出假设：

H1：对于顾客感到满意的情况，员工绩效给予优。

H2：对于顾客既没有不满意也没有满意的情况，员工绩效给予良。

H3：对于顾客感到不满意的情况，员工绩效给予差。

2. 消费者满意度与员工绩效考核的相关性

经文献参考得知，消费者对于酒店员工服务语言艺术水平的评价，主要依赖两类因素：一类因素决定消费者是否满意，另一类因素与消费者的不满意度相关。某些绩效为良的因素，也许会让顾客对员工进行表扬，没有却不会让顾客不满意；而其他某些变量的绩效如果达不到顾客预期，会导致顾客不满意，甚至引发投诉，就算达到顾客预期，也不会引发顾客的赞美行为。

由此可知，不满意因素是员工绩效的必要而不充分条件。现在以双因素理论为依据进行分析讨论，用基本因素、绩效因素和激励因素三种影响员工绩效的要素对各个绩效指标进行归类。基本因素是指员工服务效果达不到顾客预期，会导致顾客不满意，但即使达到也不会增加顾客满意度的指标。绩效因素是指顾客一旦很满意，酒店员工就会获得表扬或者奖励，但是顾客不满意，员工就会受到惩罚的指标，在三个指标中占比最高。激励因素是指服务效果即使没有达到，或者没超过顾客预期，员工也不会受到惩罚，如果顾客对服务很满意，就会增加价值。

由此提出假设：

H4：消费者的满意度越高，则员工绩效越好。

H5：酒店员工服务语言艺术水平越高，其绩效考核结果越好。

3. 服务语言艺术水平与消费者满意度之间的相互关系

在研究服务语言艺术水平和顾客满意度关系的问题上，“消费者满意决定服务语言艺术水平”，还是“服务语言艺术水平决定消费者满意度”，两种相互对立的观点一直存在。

态度是顾客对服务的倾向和看法，相对比较稳定。满意则是顾客被服务时的一种心理状态和情感反应。服务语言艺术水平是一种总体性评价，而满意度总是与某一特定的交易相关。服务语言艺术水平与消费者满意度相互作用，顾客满意的长期累积，有助于激发酒店员工的服务语言艺术水平。也有学者持相反的观点，认为酒店员工服务语言艺术水平决定消费者的满意度。

迄今为止，到底是服务语言艺术水平决定消费者满意度，还是消费者满意度决定服务语言艺术水平仍无定论。但是，由于中国消费者大多是感知服务语言艺术水平之后才会进行评价。

所以据此提出假设：

H6：消费者满意度决定服务语言艺术水平。

H7：服务语言艺术水平影响消费者满意度。

三、酒店员工服务语言艺术水平与绩效关系的实证研究

1. 研究方法

考虑到本书主要通过网上信息收集进行研究，研究方法主要采用内容分析法。内容分析法就是一种对选取内容进行系统、客观和定量描述的研究方法。内容分析是一个对研究样本、信息反馈以及数据变化进行层层推理的过程，目的是从表象的信息数据推断出实质结论。这个研究方法的实质就是将不系统的、定性的信息数据，如表格、文字，通过分析研究得出系统的、定量的结论成果。内容分析法是一套独立服务的科学的文献资料分析研究方法，随着信息化的进步，网络信息可以和传统的内容分析方法有效结合起来，就产生了一种新的与信息化环境相匹配的研究方法——网络内容分析法。

因此，网络内容分析法更适用于研究网络媒介上的评价内容和信息样本，非常符合本次研究样本的要求。

2. 样本选取

（1）样本网站选取。

现如今，订房网站都会提供顾客的网上评价，所以，本书通过浏览3个在酒店服务点评方面最具权威的官网——艺龙网、携程网和去哪儿网，然后对比三个网站网友对同

一家酒店的评论，最终确定在携程网收集顾客对酒店服务的评论信息进行本次研究，选择携程网的原因有三点。一是 2015 年 5 月，携程网宣布以将近 4 亿美元的价格收购了艺龙公司约 38% 的股份；10 月份，携程旅行网宣布与去哪儿网合并，由此可见，携程网拥有更大平台和更多的顾客点评。二是通过携程网上顾客的点评还可以知道其旅行目的，为本次研究提供了更为具体细致的样本信息。三是携程网还根据顾客对酒店的评论内容，进行了详细的分类——卫生、环境、服务、设施等，可以直接取样。因此，本书的选样网站为携程网。

（2）样本城市选择。

针对本文的研究，为了使酒店所在城市的分布均匀且具有代表性，就参照高星级酒店在中国发达城市的分布，分别从北京、上海、深圳三个城市来选取。

（3）样本酒店选择。

一个酒店集团，在同一城市中会有多家连锁酒店。所以在取样过程中，以携程网上各酒店排名先后顺序和评论数量多少为依据，在北京、上海、深圳三座城市分别选择两家排名靠前和评论数量较多的酒店作为样本。并且选取的 6 家样本酒店中，有 2 家是近几年中国五星级酒店行业分析报告中的前十强。这刚好符合我们选择样本酒店的依据。并且在我国，高星级酒店的地域分布不均匀，数量不均匀，酒店预订网站上网友评论数据也会有很大差距。因此，为了使所选样本更具代表性，结合我国高星级酒店实际分布情况，特此从北京、上海、深圳各选择 2 家高星级酒店作为样本进行研究，具体如表 1–1 所示。

表 1–1　样本酒店的品牌分布情况

酒店品牌名称		北京冀中金牛酒店	北京华商会议中心大酒店	上海悦华酒店	上海浦东四季酒店	深圳四季酒店	深圳兰赫美特酒店
酒店评论数量	服务待改善	14	14	29	67	82	81
	服务好	128	243	201	948	974	321
	干净卫生	113	83	130	534	625	176
	设施齐全	171	115	143	373	385	240
	环境不错	80	185	151	369	385	233
总评论数		1206	1198	2046	5349	5879	3147
总体得分	卫生	4.7	4.9	4.7	4.8	4.8	4.7
	环境	4.4	4.7	4.5	4.8	4.7	4.5
	服务	4.5	4.8	4.6	4.7	4.7	4.6
	设施	4.6	4.8	4.6	4.8	4.7	4.7

数据来源：根据携程网等网站数据整理。

（4）评论样本选择。

样本的选取以最新为原则，要确保所选评论样本最大程度上反映研究对象的最新情况，从而保证研究结果的真实性与可信度。所以确定从样本酒店中选择前 50 条顾客对员工服务质量的最新评论，总计 300 条可用样本评论。选择的 300 条评论样本，都是在 2016 年 3 月 1 日之后发表的，并有超过 70% 的样本是在 2016 年 11 月 1 日之后发表的，所以所选样本具有很强的时效性。总评论样本中，商务旅行者和休闲旅行者的样本点评数依次为 165 条（55%）和 135 条（45%），其比例基本一致。最后，通过顾客对酒店员工服务水平好坏的评论数量，来分析顾客对此酒店的满意度。具体如表 1–2 所示。

表 1–2　样本酒店员工的服务满意度情况

酒店品牌名称	顾客满意度			评论总数
	满意	既没有不满意也没有满意	不满意	
北京冀中金牛酒店	45	2	3	50
北京华商会议中心大酒店	47	1	2	50
上海悦华酒店	43	2	5	50
上海浦东四季酒店	46	1	3	50
深圳四季酒店	46	2	2	50
深圳兰赫美特酒店	40	4	6	50
总评论数	267	12	21	300

从统计结果中可以看出，酒店顾客对员工服务水平的满意度持不同意见。根据之前假设：对于顾客感到满意的情况，员工绩效给予优；对于顾客既没有不满意也没有满意的情况，员工绩效给予良；对于顾客感到不满意的情况，员工绩效给予差。表 1–2 中顾客对六所高星级酒店满意度数据的调查情况，证实了之前 H1、H2、H3 的假设是成立的。因此，通过网上旅行者的评论，我们可知所研究的酒店服务水平与其顾客满意度的关系：消费者的满意度越高，说明员工服务绩效越好，从而证实了 H4 的假设成立。

表 1–2 中的数据显示，大部分顾客对酒店的服务满意。此外，服务水平的高低和服务质量的好坏，除了会受到酒店服务人员实际操作熟练程度的影响，更多地取决于酒店员工服务语言艺术水平的高低。从而证实了 H5 的假设是成立的，即酒店员工服务语言艺术水平越高，其绩效考核结果越好。

因此，员工服务语言艺术水平决定着员工服务绩效的高低，可得出：顾客满意度高，说明酒店员工服务语言艺术水平高，从而证实了 H6 的假设成立，即消费者满意决定服务语言艺术水平。反之，酒店员工的服务语言艺术水平高，也会提高顾客对酒店服务的满意度，也证实了 H7 的假设是成立的，即服务语言艺术水平影响消费者满意度。顾客满意度高代表着酒店员工绩效好，这也就说明，酒店员工服务语言艺术水平越高，员工个人绩效越好。从而得出，酒店员工服务语言艺术水平与其绩效呈正相关的关系。

3. 内容分析体系的建立

将本研究的实际情况和高星级酒店服务质量内容分析体系相结合，建立高星级酒店服务质量网络内容分析体系，然后通过 300 条样本的试分析进行完善。最后确定出本研究对象的分析体系，即从服务语言的四个特性——语言规范性、语言服务性、说话时机性、表达婉转性（见表 1–3），对酒店员工服务语言艺术水平的绩效进行具体评价，深层次分析二者关系，并根据结论给出改善意见。根据酒店顾客评论内容，通过李克特五级量表法，对服务语言艺术水平的四个特性进行 1~5 分的评价，1~5 分别代表顾客满意程度：很差、差、一般、好、很好（见表 1–4）。

为了研究内容的真实性与权威性，本次研究也采用了专家咨询法。本次咨询邀请了 8 位专家，分别有酒店管理专业教师，消费行为学、营销服务教育专家，酒店行业经理构成。8 位专家的统一意见达到 75% 以上，则确定评价结果；若专家意见两两相左，那么重新评价该指标，结果仍未改变，则以行业经理的意见为最终结果。开始评判前，专家结合样本实际情况，根据试评价结果，确定一致的评价原则。

表 1–3　酒店服务语言指标特性含义

指标	含义
语言规范性	普通话的标准和法式、礼貌
话语服务性	以顾客为中心的贴心性
说话时机性	语言服务的时间
表达婉转性	含蓄悦耳

表 1–4　酒店服务语言特性分析体系和编码

指标	编码
语言规范性	1 = 很差，2 = 差，3 = 一般，4 = 好，5 = 很好
话语服务性	1 = 很差，2 = 差，3 = 一般，4 = 好，5 = 很好
说话时机性	1 = 很差，2 = 差，3 = 一般，4 = 好，5 = 很好
表达婉转性	1 = 很差，2 = 差，3 = 一般，4 = 好，5 = 很好

四、讨论与分析

1. 服务语言艺术水平评价

研究过程中的数据分析借用 SPSS 软件进行操作。表 1–5 是酒店员工服务语言四个指标的具体评分。统计结果显示，涉及话语服务性的顾客评论占了 40.86%，涉及语言规范性的顾客评论占 29.67%，23.40% 提及说话时机性，6.07% 提及表达婉转性。某个指标在评论中出现得越多，说明顾客对其更加关注。因此，所有评论样本中，顾客高度关注语言服务性，表明酒店员工服务语言的四个评价指标中话语服务性更受重视。相对于说话时机性和表达婉转性，顾客对语言规范性关注更高。研究可以找出影响员工绩效的服务语言中的关键指标，进而制订相应培训计划进行针对性的改善。

由结果可知，服务语言评价的各项指标得分均值在 3.5~4.2，客人对服务语言的某个指标评分越高，说明顾客对该指标更加满意。由样本统计结果来看，在 4 项服务语言指标得分中，顾客对“语言规范性”最满意，其次是表达婉转性，对说话时机性最不满意。此结果也正符合之前的两个案例：某些酒店员工在客人提祝酒词的时候，非常大声地报菜名，打断了客人思路；有时候客人想吃某道菜，酒店无法提供，服务人员直接说“没有”。表达不婉转会让客人感觉很没面子，没有受到重视，不注意说话时机，会导致客人非常不满甚至投诉。

总体来看，话语服务性的关注度虽高，但满意度不是最高。语言规范性和表达婉转性关注度不是很高，但是满意度还是比较高的，说明顾客对酒店员工服务语言水平的高度关注指标与高度满意指标不一致。因此，酒店还应该在员工服务语言指导培训方面努力。

表 1–5　高星级酒店服务语言评价指标得分

网友点评内容	点评样本数（条）	百分比（=样本数/300）	总得分	平均值（=总得分/样本数）
语言规范性	89	29.67%	368	4.13
话语服务性	122	40.86%	472	3.87
说话时机性	70	23.40%	245	3.5
表达婉转性	19	6.07%	76	4.0

2. 各具体指标与总体评价的相关性

为了进一步了解顾客对酒店员工服务的满意度与酒店员工服务语言艺术水平的关系，本书研究还运用 SPSS 软件进行了双变量相关分析，具体见表 1–6，经统计结果可得，其显著性水平取值为 0.01，且所研究的四个指标两两相关系数检验的概率都接近于零。因此，本次研究结果：推翻原假设，认为影响酒店员工服务语言艺术水平的四个指标两两相关。

由表 1–6 统计结果可知，语言规范性与话语服务性、说话时机性、表达婉转性的简单相关系数依次为 0.723、0.698、0.806，话语服务性与说话时机性、表达婉转性的简单相关系数依次为 0.878、0.764，说话时机性与表达婉转性的简单相关系数为 0.740。

由此可得，话语服务性与说话时机性之间存在正的强相关性，且语言规范性和表达婉转性是顾客满意度相对较高的，即酒店员工服务语言在这两个方面比较擅长且做得相对较好，但是语言规范性与说话时机性之间存在正的弱相关性，且对于酒店员工的语言规范性，其顾客关注度和满意度都相对较高的，而对于说话时机性，其顾客关注度和满意度都不是很高，即酒店员工应该把握好服务语言的说话时机，既能让顾客及时得到信息，又不会打断客人的思路和谈话。

表 1–6　双变量相关分析结果

	语言规范性	话语服务性	说话时机性	表达婉转性
语言规范性	1			
话语服务性	0.723	1		
说话时机性	0.698	0.878	1	
表达婉转性	0.806	0.764	0.740	1

注：显著性水平取值为 0.01.

五、结论与建议

由于此项研究的员工绩效是基于顾客满意度来进行评判的，所以以上针对酒店员工服务语言艺术水平的评价就代表了员工绩效，即评价指标得分越高，则其绩效越好。从中得知酒店员工服务语言艺术水平相关问题与绩效指标呈显著相关，四个服务语言指标分别直接影响绩效的评价指标。因此，通过网络内容分析法和专家咨询法研究得出的结论即酒店业一线员工服务语言艺术水平当中语言规范性和话语服务性对员工绩效影响最大，其次是说话时机性，最后是表达婉转性。据此，酒店应激发组织和员工争取自我语言水平的改善，给予员工足够的引导、训练，激发员工对个人语言水平的认知，制订行之有效的、具体的、有针对性的服务语言技能培训计划，提高酒店员工的服务语言艺术水平，从而提升酒店员工个人和组织绩效。

有效的服务语言提升需要从各个方面突破，作为员工语言的深入培训仅凭选用的 4 个指标依然不足，因此，细化指标探究其影响变量有待进一步研究探讨；另外，关于酒店服务语言的其他研究，如员工个体特征——性格、地域方言特性与服务语言的偏差度扭转、旅游者服务语言种类偏好等问题也有待今后进一步研究。

【本章习题】

1. 旅游服务的要素有哪些？试举例说明。
2. 旅游服务语言为什么要讲究艺术性？
3. 根据第三节内容，分析服务语言艺术水平的重要性。

【本章案例】

旅游服务语言艺术的重要性

北京东三环的一家国营四星级酒店曾是我工作过的地方，在那里我第一次接触到了酒店服务业，第一次感触到了对客服务中情商与智商的重要性。酒店的某主管曾鼓励我们说，如果你们能够在酒店坚持下去，那么，你们以后从事任何行业都会应对自如。想想确实如此，在服务业与不同性格的宾客打交道，如果没有恰到好处的应对，必将引发不满；如果没有良好的口才，也许将不受欢迎。之后，我又有幸认识了一位薛姓职业经理人，他已近中年，依然在酒店行业乐此不疲，长年的经验使得他无论走到哪里都是高居副总经理以上的职位，他说“做酒店让我们受欢迎”，因为“我们所从事的职业已经让我们形成了一种做任何事情都先考虑所有人却唯独不包括自己的想法和利益的习惯——这样的人，想不受欢迎都难”。所以，当很多朋友告诉他大量其他行业的高管寻觅助理时总喜欢用曾经做过酒店的人时他并不诧异且还有些自豪。

“做任何事情都先考虑所有人却唯独不包括自己的想法和利益的习惯”告诉我们，旅游服务语言的表达必须改变思维定势和日常表达的习惯，一切以宾客为中心。

例如某酒店总台，一位女服务生正在给816房间的客人李先生办理离店手续。

闲聊中，那位客人旁顾左右，将手指上的一枚戒指取下塞到服务生手里低声道：“我下周还要来住一个礼拜，请多多关照。”

服务生略一愣，旋即，镇定自若地欣赏了一会儿戒指，然后笑着对客人说：“先生，这枚戒指式样好漂亮啊，谢谢你让我见识了这么好的东西，不过您可要收好了，丢了很难找到。”

随着轻轻的说话声，戒指自然而然地回到了客人手中。客人显得略有尴尬。

服务生顺势转了话题：“欢迎您光顾我店，先生如有什么需要我帮忙，请尽管吩咐，您下次再来我店，就是我店的长客，理应享受优惠，不必客气。”

客人正好下了台阶，忙说：“谢谢啦，谢谢啦。”客人转身上电梯回房。

这时，电话铃响，电话中得知816房的预订客人即将到达。而刚办了离店手续的816房的客人还未走，其他同类房也已客满，如何通知在房的客人迅速离店，而又不使客人觉得我们在催促他，从而感到不快呢？

刚才为客人办理离店手续的女服务生一皱眉，继而拨打电话。

“李先生吗，我是总台的服务员，您能否告诉我打算什么时候离店吗，以便及时给您安排好行李员和出租车”。“哈哈，现在给我安排吧。”李先生接话说。

服务员就这样用委婉的语言解决了一件难事。

旅游服务业不仅需要硬件的配套，也需要软件上的提高，而服务语言作为对客沟通的工具，是软件中最基本、最直接的要素，有道是：一句话惹人闹，一句话惹人笑。语言巧妙，锦上添花；语言失误，则前功尽弃。

讨论与思考

1. 请思考讨论服务生语言的巧妙之处。
2. 请思考旅游从业人员应该如何提高服务语言。

第二章

旅游服务语言的性质、特点与功能

【学习目标】

掌握旅游服务语言的性质，理解旅游服务语言的艺术性内涵，理解旅游服务语言的服务性，理解旅游服务语言的不平等性，掌握旅游服务语言的功能。

【重点内容】

旅游服务语言的性质，旅游服务语言不平等性对语言表达的影响。

第一节　旅游服务语言的性质

一、艺术性

旅游服务语言是旅游从业人员在旅游服务场合中使用的语言，其效果以服务对象的接收程度与反应程度为衡量标准，关系到游客对服务人员、服务产品乃至服务企业的满意度。由于服务双方原生文化背景和消费服务心理的差异性，旅游服务语言的艺术性显得尤为明显。艺术性的结果就在于服务者的服务表达给听者带来心的愉悦与满足，为此，应该做到文雅、礼貌、适宜且职业化。

1. 文雅性

即要求旅游从业人员的言行举止力求谦和有礼、不粗俗、不蛮横。谦虚文雅的语言既能够体现出旅游从业人员的基本素养，也能够展现旅游企业良好的精神面貌。为此，服务人员可以通过多用谦词和敬语，如“您好”“女士”“先生”“谢谢”“对不起”等做到语言外观的有礼。

【做一做】

请搜集资料，分类列出服务场所的谦词与敬语。

同时，说话音量应适中，语调应平和沉稳，说话时音量要适中，根据环境噪声水平与人数多少控制音量，以让对方能够听得清楚为宜；语调要平稳缓和，切忌高低起伏。另外，态度要诚恳、亲切，此时旅游从业人员在说话时的表情神态就显得至关重要。诚恳亲切的表情应该是面带微笑的、眼睛透露出真诚的、乐于为对方尽力的样子。

【练一练】

每一个人展示一下诚恳亲切的表情，可自行设定情景。

2. 礼貌性

即要求旅游从业人员言行举止谦虚恭敬，交谈内容围绕游客需求和游客利益，做到尊重、有礼节、有教养。礼貌性不仅是旅游服务语言的性质，在讲文明、树新风的新时代，每个人力求让自己的语言具有礼貌性也是新时代的社会要求。因此，未来无论是否从事旅游行业，都应该养成礼貌性的语言习惯，努力做到“张口有称谓、谈话避隐私、内容不俗气、致歉道谢要及时”。

【评一评】

一酒店理发师某天接待了一位顾客，这位顾客的头发颜色发黄，看到顾客的头发，也许是出于好意，只听这位理发师问道：“哎呀，你的头发焗过没？”“没呀。”这位理发师接下来说：“我建议你焗一下，你的头发要是不焗，就看起来好像没洗干净一样，脏脏的。”

问题：这位理发师的语言有何不妥？

3. 适宜性

即旅游从业人员对旅游服务对象的称谓应符合身份、旅游从业人员的言行应符合工作的环境。以称谓称呼交谈对象是礼节上的基本表现，而合乎身份的称谓有利于拉近交谈双方的距离，增强尊重。为此，旅游从业人员应该做一个有心之人，即使没有介绍，也可以通过其他途径了解顾客的姓氏或职业，如在顾客登记、顾客签单的时候顾客姓名一目了然，有心的工作人员自然就记住了。再比如酒店的常客、VIP 客户，能否从对老顾客相对更为熟悉的老员工处获得顾客姓氏、职业这样的基本信息呢，当然就在于员工是否有心去了解，同时，也需要酒店文化的塑造。同时，每一个企业人在工作和生活中都在尽量让自己的言行符合环境的需要，旅游从业人员的环境是复杂而多变的，面对的服务内容、服务对象可能时时有变，若能随着环境的变化而随时调整自己的言行，便能适应多变的服务环境。因此，旅游从业人员的工作言行应符合场所特性，语言应适应旅游者的语言特点和语言习惯。

4. 职业性

要求从业者的语言必须与职业活动相关。俗话说“在其位，谋其职”，旅游从业人员对客交往的语言一定要符合服务的需要，其语言应围绕游客消费需求展开，最终落实到旅游产品的供给上。旅游服务语言作为非常典型的职业语言，它的语言主体多由职业词语构成。例如，导游语言多以迎来送往、风景名胜、人文古迹、建筑格局、历史典故、民风民俗等语词为主体；饭店服务多以客房设施设备、菜点酒水、康乐设施等词汇为主体，服务质量标准也不允许服务人员在服务工作中谈与职业活动无关的话题。

二、服务性

旅游服务语言是在旅游消费场所为游客提供咨询、建议、解释的语言，其针对性强、切实可用，满足游客的实际需要。从业人员与游客之间的服务与被服务的关系决定了旅游服务语言的服务性性质。

首先，旅游从业管理人员主要从事事务型工作，不仅在企业内部上传下达，围绕服务上级、员工激励、工作计划与总结进行内部服务，也开展接待贵宾、洽谈业务、处理投诉建议的对外服务工作，尽管对外服务工作占用的工作时间相对不长，但其语言性质依然具有服务性特点。

其次，旅游从业基层人员不论学历高低、资历深浅，都要在对客服务中始终保持与企业要求高度一致的服务方针与政策，排除私人恩怨，顾全大局，开展服务工作。这种以游客为中心的服务意识直接影响基层从业人员对客交往中语言表达的方式。

三、不平等性

我们经常听到某些服务员抱怨“为什么客人坐着我站着、客人吃着我看着”，作为一名旅游从业人员，必须认识到旅游作为一种特殊的服务行业，其从业人员与其服务对象是一种服务与被服务的关系，这一关系本身就会有不平等的外在表现，更不能要求与自己的服务对象争“平等”。这种不平等性，是确立服务与被服务关系的前提和基础。不论是谁，只要他站到了旅游服务这一岗位，只要他是在对客服务，此时的他与他的服务对象就不是一种平等的关系，而是一种服务与被服务的关系，这是不同的社会角色导致的。

这种不平等的表现是多种多样的。首先，表现在衣着，旅游消费者的穿着较随意，而从业人员必须身着得体的岗位服装、整洁卫生地上岗。其次，言行举止的体态上，旅游消费者以不违反公序良俗、道德法律为最底线，而旅游从业人员必须在企业规定的框架下活动。而语言的不平等性表现得更加突出，不仅要求服务人员说话得体、礼貌、文雅，还要求服务人员在游客“无理”情况下不能与顾客争对错，而是把“对”让给宾客，给客人一个台阶、一个面子。

把“对”让给宾客，最首要的关键是需要员工认识到角色的差异性，员工能够理解不平等性的存在，调整好服务的心态，这是员工能否组织“让”的语言的前提。同时，员工应该深入服务环境，不断琢磨“让”的语言艺术。

实践与研究表明，“让”的语言艺术具有一定的规律可言。具体而言：

1. 不说有伤客人颜面的话

游客外出旅游的心态不同于日常生活，往往脱离原有生活的戒律或束缚。本来不抽烟，可能旅途中尝试一下抽烟的感觉；也许日常生活很拘谨，外出旅游时却放纵自己。所以，从业人员面对游客不羁的行为可以友情提醒，但不宜将游客置于“素质太差”的攻击性定位下。以“公共场所不能抽烟”为例，请比较以下语言：

A:“对不起，按照酒店规定，您不能在这里吸烟。”

B:“对不起，这里是非吸烟区，如果抽烟，可以到那边的吸烟区。”

显然，A 句的“您不能……”这种断然否定的话语容易让顾客感觉不快。

【练一练】

请评价以下语句并尝试将其修改成更富艺术性的语言：

1. 如果您有什么地方没听清楚，我可以再说一遍。

2. 对不起，您的房间还没有收拾好。

2. 不与无理取闹的宾客纠缠

旅游活动中难免有个别宾客不讲道理、蛮横无理的时候，这类宾客可能具有心理的优越感，可能有蛮横的习惯，也可能因为好胜心太强，但无论何种原因，只要没有伤害到企业利益，没有违反法律法规，就不与之纠缠，更不要想着说服或改变对方。例如，导游员问“这里总共有 99 个台阶，大家知道为什么是 99 个，有什么象征意义吗？”这本来是导游员激发游客思考、引发兴趣的一种方式，但某游客却不以为然地说“我们若知道，还听你导游员讲什么”。作为当事导游员，有必要去解释自己问话的目的吗？显然，导游员只要按照自己原定思路继续讲下去就可以避免与这位宾客的纠缠了。

3. 给“错了”的宾客一个台阶

环境的陌生、不同于日常的心态都可能使得游客犯错误，这种错误可能缘于惯性思维，可能缘于不知所措，也可能只是一时糊涂。旅游从业人员应该仔细分析、谨慎判断错误的性质与程度，通过说一些安慰的话，给顾客一个体面的台阶的方式去解决问题，这是我们尊重游客、包容顾客的表现。例如，世界青年锦标赛期间，北京某四星级酒店住进了大批外国运动员及其后勤人员。这些宾客绝大多数第一次到中国，之前就对中国的筷子有所耳闻，初到餐厅，每个外宾拿着细长的筷子仔细端详，并试图用其夹菜，在尝试过几次后，依然乐此不疲，这些外宾无不流露出爱不释手的神情。用餐结束，个别宾客起身顺便将筷子拿走了。针对这种情况，读者可以思考分析案例中“错”的性质，思考怎么说来给宾客一个台阶，让其放弃拿筷子或付费呢？

4. 客观分析宾客言行，对无恶意的宾客给予谅解

由于文化观念、风俗习惯的不同，旅游者可能会表现出与地域文化格格不入的行为或语言，这些意想不到的尴尬场面应该区别对待，本着宾客的文化背景分析其语言背后的真实意义，不适合以自我文化为中心进行问题定位。例如，某外国宾客对服务员说：“小姐，我爱你。”作为服务员，应该如何回应？

在中国，“我爱你”多用于亲密的恋人、夫妻之间，如果从我们自身文化角度上去思考外国宾客的意图，很容易定性为“图谋不轨”“不怀好意”，也可能会误解是追求自己。此时，服务人员应该清楚地意识到自己的社会角色——服务于旅游消费者的从业人员，从角色而言，可能是对服务的肯定，从国外文化而言，是一份尊重与喜悦。所以，分清楚语言的文化背景后，可回应的表达就有很多了。

5. 给予致歉的宾客一份安慰

在前文的许多案例中，我们谈及了旅游者的某些不文明、不文雅的行为，但实际上，随着社会文明的进步，人们受教育水平的不断提高，旅游者素质已普遍较高，不仅遵守团规店规，还经常自我反思。所以，旅游活动中，我们经常听到旅游者主动说“对不起”“很抱歉”等，对于这类游客就不应该再批评了，而应该给予安慰。

“对不起，没有听到集合时间，所以来晚了，请大家见谅。”导游员是否还要开展“不守时”的批评甚至警告？显然，是不必要的，而应安慰宾客，以免其带着自责影响旅游的心情。

当然，对岗位、工作而言，旅游服务人员在工作中扮演服务者角色，而在工作之外、生活之中，又会转向被服务的角色。因为在非工作时间，你会外出就餐、会外出休闲娱乐、会外出度假旅游等，此时，又被置于了被服务的角色中。因此，作为旅游从业人员，可以通观全局、通观社会，理解这一不平等性，进而调整好自己的心态。

总之，不平等性只是从社会角色上而言，从业人员与顾客具有绝对的人格平等。游客若有任何侮辱他人的言行，服务人员有制止的权利。如果宾客有严重损害本企业的利益，或言行已经严重“越轨”，甚至明显违反我国的有关法律法规和道德规范，就要视情节轻重及事件的性质，“特别”对待。因此，旅游服务人员把“对”让给宾客，实际上也是有条件、有原则地“让”。

第二节　旅游服务语言的特点

【课堂导入】

例 1：这叫日晷，是我国很早就发明、秦汉时代即已广泛应用的一种计时器，它利用太阳的投影和地球自转的原理，借指针所生的阴影的位置以表示时间。在这晷盘中心的铁针上端是指北极，下端指南极，晷盘上下两边刻的是时辰，上面时辰由早到晚向左转，下面时辰则向右转。每年春分后看上面的针影，秋分后看下面的针影。这个日晷是明清时期所置，虽然早已废弃不用，却仍闪烁着我国古代劳动人民的智慧之光。

例 2：这个由石头做的东西叫日晷，是古人用来看时间的“石头钟”，它在秦汉时就已广泛应用，虽然没有现代的电子钟、石英钟轻便、准确，但有一定的科学性，它是借太阳光照在铁指针上的阴影位置来表示时间的。指针两端刻的这些字叫时辰，相当于我们现在的几点钟，但没有精确到分和秒。不过，在两千多年前，世界科学技术还十分落后的情况下，能造出这种计时器是不简单的，它说明我国古人的科学头脑是十分发达的。

资料来源：魏星．实用导游语言艺术［M］．北京：中国旅游出版社，1993.

请学生阅读并分析这两种介绍语言的不同特点。

一、旅游服务语言——口语特点

旅游服务语言是旅游行业的专用语言，和一般语言相比有其独特的个性特点，主要表现在以下几个方面：

1. 规范性与灵活性有机统一

规范性是指在旅游行业中，无论是旅行社、酒店，还是旅游交通部门、旅游购物场所都对本行业内的各个部门、各个工种、各个岗位以及各个层次的员工所使用的服务语言做出了基本规定，形成了相应的“模式语言”①，从而使从业人员的服务用语模式化、规范化，避免言语表达的随意性，如来客时说“欢迎光临”而不是“您来了”，送客时说“欢迎下次光临”而不是说“走好”。规范的语言适用于稳定的情景，不在于生搬硬套，旅游工作者应在掌握规范化语言的基础上，在具体服务工作中还应根据场合、服务

① 刘德秀，秦远好．旅游心理学［M］．重庆：西南师范大学出版社，2011：141.

对象和工作性质的不同灵活选用问候语、灵活改变表达的音量、语速、声调及体态动作等，进而达到更好的服务效果，这就是灵活性所在。例如，饭店的迎送员，在一般情况下看到客人出店要说“请走好，欢迎下次光临”，那客人出店是就此别过还是马上又会回来？如果不观察分析具体情况，一味生搬硬套就可能使恭送语变得尴尬。例如，王女士在一家四星级酒店就有如此遭遇。王女士从客房到大堂等候一位多年不见的老朋友，由于心急，一会儿在厅内，一会儿到门外观望，就这样往返多次，每一次她进门时都会听到“欢迎光临”，出门时“请走好，欢迎下次光临”的问候语，让邱女士哭笑不得。

2. 共时性特点

由于旅游服务生产与消费的同时性决定了旅游服务语言的交谈双方处于同一时空环境中，语言的传递与反馈在共同的场景中完成，从信息传递到信息接收几乎是同步的，这就意味着应接服务人员思考与表达必须同步，不仅要使自己的表达确切还要对旅游者的反馈做出立即的回应，且表达与反馈力求准确性与责任性，同时要求表达的顺畅性，因此，共时性特点对从业人员的表达能力提出了更高的要求。例如某中餐厅里，有一桌客人进店30多分钟了，桌上只有开胃菜菜和一盘主菜，四周的桌上已经上好了菜，并且周边客人在愉快地就餐。客人十分焦急，大堂经理小杨忙上前安抚客人说道：“几位先生，你们好。非常抱歉！你们的菜马上就好。这是我们餐厅为几位先生准备的啤酒，还请各位先生品尝。”客人收下了啤酒，打开啤酒喝了起来。10分钟后，其他菜陆续上桌。小杨说“各位先生，让你们久等了，十分抱歉，请慢用。”客人们此时露出了笑容，开心地吃了起来。假如大堂经理没有根据情况及时安抚宾客，可能就是一场纠纷了。

3. 现场性特点

旅游服务语言的现场性特点是因为旅游服务双方处于同一场景中，交流的语言多以周边环境或设施为依托，应时应景。例如，点菜环节，餐厅服务人员待客引位，就菜单中的菜品进行介绍说明，上菜时报菜名；住店宾客会对客房员工提出客房清洁要求，而不会在其他部门对其他部门的员工说；导游人员景点讲解时，走到哪儿讲到哪儿、讲到哪儿指到哪儿，这都表现出极强的现场性。因此，旅游从业人员应熟悉业务、熟悉场所环境，才能以准确的旅游服务语言提供准确的信息，避免张冠李戴或不懂装懂。

4. 通俗自然性

由于语音在空气中滞留的时间不是很长，具有转瞬即逝的特点，因而，人们很难对一段内容复杂的语音进行有效的记忆。所以，旅游服务语言的口语表达应该讲究通俗易懂、朴实自然。在词语方面，少用文言词、行话、术语、方言词等各种生僻的词语，多用简单的大众化词语；在句式结构方面，尽量少去使用一些长句子，要表达复杂的意思的时候，也最好是分成几句来表达，使用的语言更要通俗易懂、简单自然①。

① 刁晓丹. 口语表达能力训练［M］. 北京理工大学出版社，2015：7.

二、旅游服务语言——体态语特点

1. 广泛性

旅游服务中，有声语言以外的辅助性交际工具有许多种，如旅游团的队旗、导游员挂在胸前的导游证、酒店的店徽等，这些都会受职业、场所等各种条件的限制。而体态语的使用广泛存在，它全靠人自身身体完成，只要有人的地方就会有体态语。只要人们开口说话，都会有意无意地运用体态语来辅助有声语言来传情达意，甚至在不开口说话的情况下，也能运用体态语传递较多的信息，只不过有的人用体态语多些，有的人少些，但绝不会毫无动静。因此，正是人类地域分布的广泛性决定了体态语的广泛性特点。

2. 直观性

直观性是指体态语凭借肉眼就能看得见，只要能够观察留意，人们都能捕捉到体态语的行为和其本意。

有声语言诉诸听觉，当然不具有视觉可感性，而体态语言以其立体的、多彩的、动态的图像来传递丰富信息，直接作用于视觉器官，这种视觉的直达性就是体态语直观性的本质。如游客从前来接待的员工微笑的脸上能看到亲切友好，从接待员漫不经心的动作上能够判断服务态度的消极，因而有直观性。

3. 依附性

有声语言里的一个词、一个短语、一个句子都有可能是多义的，体态语也不例外，一个表情、一个动作也往往不止一个意思。比如，张大眼睛、放大瞳孔这么一个动作，就可以理解成好奇、诧异和仇恨等。再如点头这个动作，可表示 11 个意义：（1）致意；（2）同意；（3）肯定；（4）承认；（5）赞同；（6）感谢；（7）应允；（8）满意；（9）认可；（10）理解；（11）顺从。体态语的这种多义性决定了它对语境和有声语言的依附性[①]。如果离开一定的语境，孤立地分析某个体态，则其含义是不能确定的。有时，即使有一定语境，但离开了有声语言的配合，体态语的含义仍难以确定。

4. 民族性

体态语有鲜明的民族性，就像有声语言也有民族性一样。这体现在以下两个方面。

（1）表示同一语义运用的体态语会因文化和环境的差异而应用有异。例如，见面打招呼，不同民族有不同方式：中国人点头、握手，西方人拥抱、接吻，日本人鞠躬弯腰，因纽特人捶打对方头肩，萨摩亚人嗅对方，瑞典的拉普人摩擦鼻子。再如，大多数民族以摇头表不同意，以点头表同意，而保加利亚人、尼泊尔人以及中国的独龙人则正好相反[②]。

（2）同一体态语，有时也会因民族文化的不同而具有不同的含义。例如，竖起大拇指，在中国表示赞扬，在日本表示“老爷子”，在希腊则是叫对方滚蛋，在英国、澳大利亚、新西兰等国有搭便车的意思，还有侮辱的意思。又如，用大拇指和食指弯曲后组

① 李元授，白丁. 口才训练［M］.3 版. 武汉：华中科技大学出版社，2016：147.

② 胡伟，邹秋珍，周红梅. 演讲与口才实用教程［M］. 北京：科学出版社出版，2010：15-16.

成的圆圈形，在讲英语的国家里表示“好”“是”“行”，与OK有关；在法国，则表示“没有”“微不足道”；在日本表示“金钱”；在中国表示“零蛋”“成绩很差”；在地中海一些国家里则表示一个男人是同性恋者。从事社交活动时，要注意体态语的民族差异，否则会出现信息误差。如中国人、西方人对交谈时跷起二郎腿都不觉得太无礼，而在东南亚国家，这一体态被认为极不礼貌、极不友好的表示。与他们交谈时跷起腿，或鞋底朝向了对方，或无意中稍微碰了一下对方，都会被认为是不可忍受的举止[①]。

5. 时代性

体态语会随着社会的变化、时代的变化而演变，有些体态语的沿用是从古至今，有的体态语则逐渐被时代淘汰，还有的体态语随着时代的变迁发生了新的改变或有的新的含义，还有的体态语是新时代的产物。例如，微笑不分地域不分时代，都是亲切友好的表示；封建社会里，下级对上级跪地作揖、晚辈见长辈跪下磕头的动作在封建王朝结束后渐渐消失于社会生活；传统观念里双手托腮被认为状态不佳、愁眉不展的意思，而现在更加包容，多被视为一种休息状态；双手拇指食指伸出向下其他手指握紧的手势被认为是一种鄙视。

三、旅游服务语言——书面语特点

对客交往中尽管书面语用得较少，但也是旅游服务中的补充用语，用于对客的致谢、解释或留言等。像酒店致宾客的一封信就是典型的书面服务语。

1. 专业性

每个行业都有行业的专用词语和固有的专业术语。旅游服务行业具有专业的设施设备和操作规范，因此，专业性也较为突出，旅游从业人员依然避免不了使用专业术语，当然在口语表达中，由于考虑到宾客的理解力和领悟力问题，常将专业术语尽可能转化为大众语言来和游客交流，如将标准间说成“有两张单人床”。当以书面语交流时，则更为规范严谨，体现一定的专业性。

2. 时间上和空间上的广延性

旅游服务中的书面语言具有时间上和空间上的广延性，克服了时空的限制，扩大了语言的交际范围和作用。例如，旅行社在印刷品上的线路推广信息全面，从景点到住宿到价格一应俱全，便于游客查阅。

3. 表达准确、简练、鲜明、生动

书面语言传播的内容便于斟酌，可以较长时间地加工润色，充分利用文字的表现力，用词造句更为规范、更加严整、富有逻辑性。例如，书面的道歉语就比一般的口头道歉语就更郑重。

---

① 李元授，白丁．口才训练［M］.3版．武汉：华中科技大学出版社，2016：148.

第三节　旅游服务语言的功能

【课堂导入】

请同学就下列旅游服务中的有声或无声语言的作用进行说明。

1. 导游人员佩带的导游证有什么意义？

2. 为什么旅行社会给旅游团成员送一顶印有旅行社名称的太阳帽？

3. 酒店餐厅里的菜单是什么样的形式？其中的图片和文字有哪些作用？

语言在旅游服务中的价值即旅游服务语言的功能，旅游服务语言在旅游服务实践中的特有功能是其他非语言手段所无法替代的。

一、沟通顾客情感

过去，服务人员面如冰霜、爱答不理的服务时代已经一去不复返了。新时代下，旅游者追求的是家的温暖和心的满足，旅游企业应宾客需求开始打感情牌，不仅产品设计更加符合市场需求，人员服务也越来越细腻化、情感化，这就是情感服务。情感服务不仅体现在企业的文化中，更展现于宾客的服务中，其中，语言作为一种服务的工具，在沟通顾客情感上发挥着巨大的作用。俗话说“一句话使人寒、一句话使人暖”，语言能够直接作用于消费者的听觉器官，进而影响顾客心理。因此，有必要加强旅游企业员工的语言培训，形成情感化的语言系统。这个语言系统包括：亲切柔和的语气、高低适中的语调、快慢适当的语速、礼貌的敬语。

“语气是思想感情运动状态支配下语句的声音形式”。从这一定义中，可以把握到三个要点：其一，语气以具体的思想感情为灵魂；其二，语气以具体的声音形式为躯体；其三，语气存在于一个个语句当中[①]。

【同步案例】

被“细心照顾”的王先生

一位常住的外地商务宾客从外面回来，当他走到服务台时，还没有等他开口，接待

① 施玲编．播音主持创作基础理论与实训教程［M］.2 版．杭州：浙江大学出版社，2016：219.

员就主动微笑地递上物品，并轻声说：“王经理，这是您的信件”。这位客人大为吃惊，接待员此举给他留下了深刻的印象进而产生了一种强烈的亲切感，旧地重游如在自己的公司一样。中午时分，这位王先生来到餐厅，迎宾员微笑着说“王先生，这次还坐靠窗边的位置吗？”王先生不禁哈哈一笑，“你们的酒店员工真是不错，不仅能说出我的姓名、职位，还记住了我座位的习惯。”到了点菜的时候，点菜员说道“王先生，请问今天想品尝些什么，套餐还是单点？”王先生不禁与点菜员开起了玩笑，我的饮食爱好你一定也了解了吧，点菜员微笑着对客人说：“为您提供周到的服务是我们酒店的职责”。王先生随即道“还是来个单人套餐吧”，点菜员接过话重复道：“好的，王先生，您点单人套餐一份”。并接着说：“单人套餐不仅种类齐全而且菜量合适，既能满足食欲又不浪费，如果是我我也会这么点”。客人吃过饭后满意地离开了餐厅。（案例来源于实践）

案例点评：马斯洛需求层次理论认为人有受尊重的需要，一路被“细心照顾”的王经理/王先生可谓受到了十足的尊重，大大增强了宾客与酒店之间的情感联系。

二、协调顾客关系

顾客关系，又称消费关系，是指社会组织与购买使用本组织产品的公众之间的关系。旅游服务中的顾客关系则是旅游企业与购买使用该企业产品的旅游者、批发者、零售商之间的关系。从旅游服务的实践出发，这里讲的旅游企业与游客之间的关系，旅游服务语言发挥协调性作用。良好的旅游服务语言具有消除客我抵触情绪、拉近顾客关系，乃至激发旅游者消费欲望的功能。

首先，旅游服务语言能够解释过失责任，促进问题解决。

【同步案例】

迟来的玉米汁

一天中午，一家小饭店里生意正生意兴隆、迎来送往。一位年轻漂亮的小姐独自一人来用餐，点了两份菜和一杯鲜榨玉米汁。两份菜早已上桌，可那份玉米汁直到那位小姐吃完饭也没上。期间，小姐催了几次服务员，叫她上菜，可她每次都只回应一句“您的菜正在做！”。等了很久，那份玉米汁终于上桌了，可那位女客人一口都没喝，十分生气地去往前台结账，对前台说：“你们的服务态度太差劲了，我以后再也不来这家店了！”，面对客人的抱怨，前台心里也有点不满，只是说了句“不好意思”就了事。

站在附近的主管恰巧看到了结账宾客满脸的不快，询问道“您好，我是这个店的主管，有什么需要我做的吗？”，小姐将玉米汁的事原原本本告知了主管，主管立即向宾客道歉，“很抱歉，小姐，让您久等，是我们的不对。为了表示我们饭店道歉的诚意，玉米汁就免费送您了，点的菜给您打八折，您看如何？”客人见主管如此说便不再追究了。客人临走时，主管诚恳地对宾客说，“谢谢您的反馈，让我知道了管理上的不足，下次一定让您满意，欢迎您下次光临。祝您生活愉快！”

案例点评：服务生千篇一律的“您的菜正在做”与其说是应对不如说是应付，前台员工的“不好意思”在协调顾客关系上也毫无意义，而主管的做法却值得称赞，通过道歉、让利、感谢、送别等方式平复了客人愤怒的情绪。

其次，旅游服务语言能够教育引导宾客，为企业培养顾客忠诚度。实践证明，满足旅游者的心理需求其实很简单，也许仅仅缘于服务人员的一个谅解的微笑或仅仅一句及时暖心的话语又或者急客人之所急的一次行为。因此，旅游服务语言具有培养企业顾客忠诚度的作用，因而悦耳的声音、关切的态度都会让游客对企业充满好感。

最后，到位的旅游服务语言能够为游客保存颜面，避免对游客造成伤害，进而有利于拉近顾客关系。

【同步案例】

自助餐的水果带走了

某星级酒店的餐厅以自助餐品种丰富、质量上乘闻名遐迩，在这里不仅可以品尝到各种海鲜，还有各种中式、西式佳肴，尽管价格 298 元 / 位，但依然受到住店宾客和本地许多居民的欢迎。一天，餐厅里来了一位客商，在就餐时，这位客商顺手将一个百香果和番石榴装进了随身携带的公文包中，而这一幕恰巧被服务生看到了。服务生十分纳闷，这位客商可是酒店的常客啊，而且从客商的品位和消费上看，也不该是贪小便宜的人，但餐厅有明文规定：禁止将食物带出餐厅。服务生不禁想，如果贸然制止，有失宾客尊严，不去提醒的话就是自己失职，该怎么办呢？

此时，服务生灵机一动，拿出打包盒装了两个水果（百香果和番石榴）递给宾客，同时说道：先生，您一定很喜欢我们供应的新鲜水果，这里有两个打包好的，这样拿着既卫生又方便，共计 10 元，已经帮您记到账上了。客人听了不禁对服务生赞叹不已，既赞叹服务生的机灵，又感激服务生保全了自己的面子。

三、树立旅游服务形象

旅游服务形象是消费者对服务提供者一种关于印象的整体评价，旅游服务语言不仅涉及员工个人形象，同样关系到旅游企业的形象。

首先，旅游服务语言的艺术性是企业员工服务意识的体现，员工的服务意识是促进员工改善服务质量、提升服务水平的内在动力，缺乏服务意识的员工不仅不能把“对”让给宾客，更不会意识到自己服务态度、服务形象的问题。例如，某潜在游客在南方某城市的旅行社前台问“有到内蒙古的三日游吗？”员工答“没，内蒙古那么远，三天怎么够？”很显然，员工这句反问式的回答十分多余，有一种咄咄逼人的感觉，除了反问，也没有其他语言服务，十分缺乏服务意识。

其次，员工的旅游服务语言艺术水平给予消费者的印象不单单是员工个人的印象，而是由此及彼的企业管理印象。旅游从业人员作为旅游企业的人力资源，不仅在入职之初受到企业评聘考核，入职之后要接受企业的培训与管理，员工素质的高低是企业人力资源管理水平的重要体现。根据管理学激励理论，满意的对立面不是不满意而是没有满意，实践证明，一次满意的服务也许给游客的印象并不深刻，但一次失败的旅游服务会让游客不仅投诉员工，若对投诉处理不够妥善，还会使游客对服务企业产生怀疑。例如，在就餐高峰，宾客终于得以落座，要求服务生赶紧收拾上一桌的残羹剩饭，服务生觉得游客不太礼貌，便慢条斯理地过来、没有一句问候、端着油腻的盘子走了，宾客喊了几次点菜，服务生走过来却责怪宾客大声喧哗，宾客一气之下走了：“什么服务态度，这顿饭我们不吃了。”这是一个典型的因员工语言、态度恶劣导致的宾客放弃消费的案例，启示我们员工个人形象与企业形象是密切联系的。与此形成对比的是另一酒店的服务生，一天，服务生洋洋以一贯热情的服务态度接待了五位贵宾。宾客入座时并没有主客之分，但在后续的一段服务中，洋洋细致地发现坐在较为偏僻位置的生产商黄总、李小姐正是本次用餐的主贵宾，便以两位贵宾为主提供用餐服务，宴请的周总很是惊讶，对洋洋表示赞赏。

用餐期间，洋洋积极地跟进餐中服务。贵宾喝酒较多，餐后，洋洋便贴心为宾客倒了杯蜂蜜水，助于宾客解酒，席上的贵宾无不感到贴心，对洋洋又是一番称赞。临别时，周总夸赞洋洋的服务很OK，对他的服务很满意，特意手写了一封表扬信，表示感谢，并表示酒店有如此优秀的员工说明酒店管理与培训非常到位，期待下次还能来酒店消费。

【本章习题】

1. 旅游服务语言的特点有哪些？试举例说明。
2. 旅游服务语言与一般的书面语言的区别在哪里，为什么强调口语化特点？
3. 旅游服务语言有哪些功能？试举例说明。

讨论

某景区的一块指示牌上，详细介绍了这个景区的气候、植被和地貌，请问这些是否属于旅游服务语言？请大家进行小组讨论并形成结论，由小组派代表发言。

【本章案例】

一次，江西省旅行社的导游员小陈接了一个港澳珠夕阳红团，团友来自江西各地，有的来自上饶、有的来自南昌、有的来自奉新，有的来自吉安……同为江西人，团友们气氛还是蛮不错，但是途中某些团友的言行让导游员小陈有点不适应。其一，有几个年龄八九十岁的老年人走起路来晃晃悠悠，手也不自觉地抖动，这让导游员颇感压力。其二，有位老人想买地图，问导游员“服务员，有没有香港地图卖”，导游小陈顿时懵了，不禁自问：服务员是什么称呼？其三，团餐后，有游客拿塑料袋装其他餐桌未吃完的水煮虾。其四，过关通行时，有游客突然说忘记带通行证了。

讨论与思考

假如你是该导游员，面对这些情况，你会怎么做、怎么说呢？

第三章

旅游服务语言运用的原则

【学习目标】

把握旅游服务的运用原则，理解旅游服务语言运用的目的性原则，理解旅游服务语言运用的对象性原则，理解旅游服务语言运用的诚实性原则和规范性原则，掌握运用原则下的旅游服务语言沟通机理。

【重点内容】

目的性原则，对象性原则，诚实性原则，规范性原则。

学习和遵守服务语言的礼仪规范，其中，最为重要的是要认真遵守它的四项基本原则。即在运用语言服务于人时，一定要注重目的性、对象性、诚实性和规范性。

第一节 遵守目的性原则

专家认为，人们在运用语言交际时，其目的大致上有下述几项[①]：

一是传递信息，表达情感；

二是引起注意，唤起兴趣；

三是取得信任，增进了解；

① 张澜．民航服务心理与实务［M］．旅游教育出版社，2007：214.

四是进行鼓励，表彰先进；

五是予以说服，加以劝告。

纵观以上五项目的，无一不与服务工作密切关联。因此，在服务于人时，服务人员务必要目的明确、头脑清醒、言随旨意，力戒乱语失言、信口开河。此即目的性原则的主要含义。

【同步案例】

某酒店前台服务生 W 正在接待宾客刘先生 L，刘先生此前已打电话要求预留一个中高层、靠近电梯、有阳台的标准间。

W：您好先生，有什么需要吗？

L：你好，我在电话里预订了一间房。我姓刘。

W：好的，这边帮你查一下，不好意思先生，并没有查到您的预订信息，您确定自己预订了房间吗？

L：怎么可能，我明明在电话里说好了要预订房间，而且你们也说了会为我留一间房。怎么现在就查不到了呢？这就是你们的业务水平吗？把你们经理叫过来。

过了两分钟，经理来了。

经理：你好，罗先生，情况我已经基本了解了。很抱歉给您带来不便。出现这种问题是我们酒店的失误，我们一定会解决问题的，我们决定为您提供更实惠、更舒适的房间，并且为您提供免费早餐以表达我们的歉意。您觉得如何？

罗先生觉得酒店也没有耽误自己的事，道歉态度也很诚恳，所以就原谅了。

案例总结：此案例围绕着入住信息查询、确认、解决问题的目的层层展开，进而解决宾客的入住问题。

旅游服务语言是旅游服务人员与旅游消费者沟通交流的媒介，旅游从业者何时讲话、讲什么，都应该有明确的目的。按照旅游服务的程序，迎来送往的阶段的问候语的目的即传递信息，表达情感，一方面是体现服务生眼中有顾客，另一方面是对游客到来表达欢迎之情，或者对离别的宾客表达再次光临的期许、道一声祝福或不舍；在旅游消费的过程中，旅游营销语言的目的在于引发游客对旅游产品的兴趣、赢得游客信任、激发宾客购买欲望：“先生，我们这里新推出一道本地特色菜，烟笋炒腊肉，您要不要尝尝？”“我们新推出当季百香果茶，您需要来一杯吗？”“貔貅自古被奉为招财神兽，也被奉为吉瑞之兽，升官发财请貔貅，吉祥如意带貔貅，此地是纯正翡翠产地，来此可不要虚行哦”……这些旅游营销语言广泛存在于旅行社、旅游酒店等各企业中，为旅游从业人员推荐旅游商品带来良好的服务效果。在旅游体验的过程中，旅游服务并非一帆风顺，在服务失败或服务缺陷的情境中，旅游服务语言能够做出解释、安慰或弥补顾客消费心理的失衡问题。如下述情景：茶水顺着壶嘴滴到了桌上，又顺着桌沿流下，沾湿了客人的衣角，对此，最常见的处理方式是首先对客人诚挚地道歉，提出为客人清洁、洗衣服务，再视客人的要求最终确定解决问题的方案。在游客非理性的争执中，旅游服务人员不能置之不理，为了良好的团队气氛、为了良好的消费环境，旅游服务人员应当予以说服，加以劝告。例如：某酒店餐厅已进入就餐的尾声，大多数宾客已陆陆续续结账离店，员工忙碌于送走宾客和撤台、摆台的工作中，还算井然有序。突然，传出一声闷响"呃"，原来是一个醉醺醺的宾客在吼叫，一下子使得餐厅其他宾客和服务生看向了他。原来这是一个十人宴会，大多数宾客因为喝酒的缘故已是面红耳赤，那位吼叫的宾客从言谈举止上看已有点迷糊的样子，但还嚷着继续喝，因不满于同伴拒绝再喝而吼叫。负责该桌的服务生见状有些慌了神，是任由宾客还是劝告停止，这名喝醉了的宾客能听劝吗？服务生心里也没底了，只好求助于领班。领班细心观察了其他在座的宾客发现他们都已尽兴并没有再喝的意思了，且营业时间也快结束了，便以酒多伤身、时间也不早了来奉劝他，并给予客人一个台阶：如果今天喝得不尽兴，可以下次再来，酒店的好酒好菜随时欢迎大家品尝。其他宾客也纷纷劝说，那位吼叫的宾客便不再作声了。试想：喝酒是宾客的权利，也是他自愿喝的，服务人员是不是可以多一事不如少一事？显然不可以，劝导宾客是旅游从业人员的责任，因为旅游从业人员不仅应尊重宾客，还要考虑宾客安危。

第二节　遵守对象性原则

在旅游场所中，从业人员每个工作都可能面对特定的对象。面对既定的对象运用语言进行服务时，服务人员必须认真明确的是，当自己运用语言服务于人时，其实际效果往往并不取决于自己如何运用语言，而是主要取决于自己所运用的语言能否为服务对象所理解或接受。因此，在运用服务语言时，务必要区分对象、因人而异、有的放矢，切忌以不变应万变，一概而论。

旅游服务的对象性是指旅游工作者在对客服务过程中，应当注意服务对象的年龄、文化背景、语言习惯以及文化修养等方面的差异，力求做到"见什么人说什么话"，只有这样才能满足服务对象的心理需求，提高宾客的满意程度。

一般而言，一个人的思维方式和理解能力会因年龄而异，不同年龄的人群在思维方式和理解力上呈现出不同的特征。一般来说，少年儿童以线性思维为主、好奇心强但注意力不集中、生活经验不足、理解力不强，因此对儿童的旅游服务用语应力求生动形象、通俗易懂。青年人处于学识积累和生活历练的上升期，思维活跃交织、求知与批判并存，因此对青年人的旅游服务用语多以活泼流畅、富于启发性为主。中老年人阅历相对丰富，注重逻辑思维、好刨根问底，因此对中老年人的旅游服务用语应力求内容的真实性、逻辑思维紧密。但老年人的反应力、记忆力下降，因此，服务用语还应注意言简意赅、突出重点。

讨论

如何给不同的人群推荐菜品?

要求：角色模拟，人群分儿童、青年、老年人。

文化背景的差异会影响语言表达习惯的不同，进而在客我交往中，语言发挥沟通的效果大为不同。因此，旅游从业人员的用语应以交往对象的文化背景、语言习惯为指导，避免语义不同导致的冲突。例如，春节的问候语大陆地区多见“新年快乐”，港台地区则以“恭喜发财”彼此祝福，因为“快乐”“快落”谐音，港台地区不认可。如果面对新加坡人，“恭喜发财”有教唆他人干坏事、发横财之嫌，因此又不适合了。

文化修养的水平影响人的语言表达能力和语言接受能力，因此文化修养是影响客我交往语言表达效果的因素之一。文化修养和受教育水平呈现一定的关联性，但也有个案差异。旅游从业人员应根据服务对象的文化修养调整服务语言内涵的深度与广度、调整旅游服务词语的专业性和通俗性，与文化修养对等的语言表达才能达到最佳的沟通效果。例如，导游员在对文化水平较高的宾客讲故宫时，常以“紫禁城”“紫气东来”“天宫谓之紫宫”“紫微星垣”等专业术语讲解名称由来，其文化性、内涵性非常深，对相关知识不了解的宾客可能理解起来有些困难。因此，灵活的导游员在面对文化水平一般的游客时会以“皇帝居住的地方”“两边对称”等通俗化语言讲解故宫的内涵与格局。

第三节　遵守诚实性原则

旅游服务语言的诚实性原则，主要是指旅游从业人员在与客交谈时，无论何时何地都要遵循实事求是，以诚恳的态度、真实的话题贯穿服务的全过程。实践证明，任何的虚情假意、欺骗愚弄服务对象的言行都会引发顾客反感，诚实性原则在树立旅游服务形象、拉近客我双方距离中发挥着重要的作用。遵守诚实性原则，应做到以下方面：

一是在语言的具体内容上，不夸张、不虚假、要说实话、讲真话、千万不可忽悠人。例如，赞美他人应本着看得见、相对公认的标准，如衣服得体、衬肤色、首饰漂亮、身体硬朗等，如果说“几天不见，您又年轻了”，听者不一定会不高兴，但更大的可能是有虚假浮夸之嫌。因此，真实性的语言不仅是服务者自我感觉真实，还应让听者、让同场景中的人感到真实。旅游服务中宾客最在意的真实性在于游客所消费产品的真实性，产品是否货真价实，旅游讲解是否真实等。因此从业人员应该让游客把钱花在明处，明明白白消费，产品讲解应该符合历史性、文化性与科学性，切勿胡编乱造、不懂装懂。也许游客忍耐不会揭穿一次谎言，也许游客第一次接触缺乏经验，但游客的忍耐是有限的，也总有揭穿谎言的一天，暂时的侥幸绝非长久之计，因此，旅游从业人员切勿心存侥幸，真诚服务才是硬道理。

【同步案例】

青岛大虾38元，一份？一只？

2015年10月4日，肖先生在青岛市乐陵路92号的“善德活海鲜烧烤家常菜”吃饭时遇到宰客事件引发网友热议。在吃饭前，曾详细询问过菜价，向老板确认过大虾38元究竟是一份还是一只，肖先生称当时老板说的是38元一份。但吃完饭后，老板却称大虾价格为38元一只。

人民网评：“好客山东”输给青岛一只虾的警示

这几天一篇文章在网上流传：近几年，山东省着力打造“好客山东”品牌，“好客山东欢迎您”的广告宣传频现央视《朝闻天下》、凤凰卫视以及山东各地旅游景区。经过几年的努力，这句话可以说已经传遍了大江南北，四海内外。可是，就在这个十一长假，来自青岛市北区“善德海鲜烧烤家常菜”海鲜大排档的一只大虾却在一夜之间将“好客山东”品牌毁于一旦。

为什么几亿元打造出来的“好客山东”却输给了青岛的一只大虾呢？文章作者在追问，不少网友也在追问。青岛大虾事件显然只是个案，但恶劣影响已经造成，不仅损害了青岛形象也殃及整个山东的形象。

反思“好客山东”输给青岛一只虾，当有几个落脚点。

其一，莫让一粒老鼠屎坏了一锅汤。名为“善德海鲜烧烤家常菜”，实为不善又缺德。这样的店铺虽为少数，但破坏力无穷、杀伤力极大，所造成的影响难以低估。

从相关报道可知，该店老板不仅霸蛮，还极其狂妄，当顾客不接受被宰时作势要走时，“拿着一根大棍子，还打电话叫人过来，说有人吃完霸王餐想跑”。另据报道，该店并非第一次宰客。试问，这样的店铺为何一直存在？当初又是如何通过审核的？

其二，执法部门必须有所作为，不作为就是纵容，就有帮凶之嫌。相关场景是，当顾客感觉被宰就报警，结果警察来了之后说，这事儿归物价局管，他们没有执法权，然后就走了。顾客致电物价局，物价局说他们已经下班了，让他们报警找“110”解决，后称必须过完节才能解决。顾客再次报警，警察还建议顾客先给钱。顾客“很无助、很委屈、很憋屈！”

“110”真没权力执法吗？专业人士已做出分析，称民警完全可根据治安管理处罚法乃至刑法行使执法权，至于物价部门称过节后才能解决，实属推诿。无论怎么说，作为地方执法人员，守土有责，必须履行职责，所谓责无旁贷。失守，就是失职。不负责任，就该被问责。

也许对被宰的游客来说，对他们伤害最大的尚不是被宰，而是被宰之后遭遇执法者的冷遇。失去正义比等不到正义，更让人沮丧。好在在全国舆论关注下，当地执法部门迅速行动，予以补救。即便如此，当地管理者应从此事中深刻反思，疏通不畅的管理体制，督促执法者有所作为，守土负责。

此外，这一事件对我们个体、对其他城市，乃至对一个国家都有借鉴意义。一个人一旦不守信用，出现了人格污点，再赢取他人信赖就不容易；一个城市如果不善待游客，个案就会被放大，使整个城市形象陷入危机之中。一个国家如果口碑不佳，往往需要花费极其巨大的努力，才能改变自身形象。正因如此，勿以恶小而为之，莫让小事件影响大形象。

“吃一堑长一智”。信用是市场经济的“基石”，当前，我国正在加快建设社会信用体系、构筑诚实守信的经济社会环境。让守信者处处受益、失信者寸步难行，使失信受惩的教训成为一生的“警钟”。把青岛大虾事件当作永远的负面案例，以此为起点，诚实守信才能逐渐成为全社会共同的价值追求和行为准则。

案例来源：秦川．人民网评：“好客山东”输给青岛一只虾的警示，人民网观点频道，2015-10-07.

二是在语言的表达形式上，要力求表里如一，力戒徒有其表，搞形式主义。每一个从业人员都应该明确服务中语言的功能、交谈的目的，在语言之外还有技能操作的环节，这些环节与服务语言相伴随，都是为宾客提供完整、有效服务不可或缺的部分，因此，从业人员应该让服务语言与技能操作有机结合，单纯徒有其表的语言是没有任何意义的。例如，个别导游人员讲解过程中虚张声势，过度夸大某些旅游商品的功效，如貔貅招财、药方奇效等，但本应作为服务重点的景点讲解或民风民俗的介绍，却偷工减料或只字不提，何谈导游服务。还有一些餐馆，服务员以经济实惠的口号招揽食客，却一味推荐贵菜。

【同步案例】

2019 年 10 月 12 日周六，刚过完黄金周的某四星级酒店餐厅进入淡季，偌大的餐厅里用餐人数在四五十人左右。中午 13 点左右，用完餐的李先生与夫人到收银台买单，一共 176 元，李先生从钱包里拿出零钱给了收银，面额有 100 元、20 元、10 元。收银接过钱清点，100 元一张、20 元 4 张、10 元 2 张，共计 200 元，收银员诚实地对客人说，先生总共收了您 200 元。客人一听，很纳闷，于是收银员向客人展示了 20 元和 10 元的，客人不禁感慨收银员的诚实，赞叹道：您可真诚实啊，你若不告诉我我还不知道呢。旋即表示不用找了，剩余的就当是给收银员的小费了，收银员委婉拒绝了李夫妇的好意。李夫妇找到主管要求一定要表扬这位细心诚实的收银员。

第四节 遵守规范性原则

俗话说，国有国法、行有行规，旅游服务业具有自身的行业规律与行业规定，面对来自五湖四海的宾客，要求服务用语应标准、准确，以宾客听得懂、听得清为宜，因此，旅游服务语言的规范性就是要遵循语言的标准发音、语法结构，使用规范化的语言，以实现旅游服务语言的标准化和统一化。遵守规范性原则可以从以下几点着手：

一、力求语音准确，吐字清楚

【读一读】

1. 欢迎品尝我们酒店的鲫鱼豆腐汤。
2. 酒店将给予 8 折优惠。
3. 米饭是用上等粳米蒸制而成，选料新鲜且口感好。
4. 真的很抱歉，事儿还没完全落实，不过请您放心，很快就会有消息的。

除对外交往外，旅游从业人员在工作中要求使用普通话，做到准确地发音，清楚地吐字，以便与来自国内不同地域的游客沟通交流，避免使用方言俚语、读错别字和咬字不清楚的问题。实践证明，常见的发音错误有以下几点：

一是不良习惯且没有察觉到导致的发音错误，在说话时，要特别避免“秀才读半边字”，在听别人说话时与自己的发音进行比对，一旦发现发音不同应及时自查自纠，以纠正自己没有察觉的错误。

二是 zhi，chi，shi，zi，ci，si 等近音、咬舌音导致的语音不清。普通话是以北方方言为基础发展而成的，南方方言与普通话差异甚大，受方言的影响，不少人的普通话带有浓重的方言味道，特别是 zhi，chi，shi，zi，ci，si 等咬舌音成为发音的障碍，旅游从业人员应努力克服方言的影响，勤说勤练，力求使普通话标准规范。

三是没有正确处理轻声、儿化、变调等音变现象。轻声是汉语言中的一种变调现象，在普通话和方言中均较为常见，其发音又轻又短，也叫“轻音”，轻声现象跟前后语音环境、音的高低、长短和音质都有一定关系，跟语法也有密切关系，有时还有辨别词义的作用。如普通话中的“的、了、着”等虚词和做后缀的“头、子”等字都念轻声。有些双音词的第二字也念轻声，如“萝卜”的“卜”，“地方”的“方”，轻音同样影响语气，可见后文。因音韵母卷舌动作而发生音变现象是儿化音，儿化音的拼音带有 r，有的发音带出，有的被轻音化，建议旅游从业人员积极收听广播，进一步明确儿化发音的规律和方法。

【练一练】

《两只蛐蛐吹牛皮》

墙头高，墙头低，墙旮旯有对蛐蛐，在那儿吹大气。

大蛐蛐说："昨儿个我吃了两只花不愣登的大老虎。"

小蛐蛐说："今儿个我吃了两只灰不溜秋的大毛驴。"

大蛐蛐说："我在南山爪子一抬，踢倒了十棵大柳树。"

小蛐蛐说："我在北海大嘴一张，吞了十条大鲸鱼。"

这两个蛐蛐正在吹大气，扑棱棱打东边飞来一只芦花大公鸡。

你看这只公鸡有多愣，它"哆"的一声吃了那只小蛐蛐。

大蛐蛐一看生了气，它龇牙捋须一伸腿，唉！

它也喂了鸡！

哈哈，看它还吹大气不吹大气！

《七巷漆匠和西巷锡匠》

七巷一个漆匠，西巷一个锡匠。

七巷漆匠用了西巷锡匠的锡，西巷锡匠拿了七巷漆匠的漆。

七巷漆匠气西巷锡匠用了漆，西巷锡匠讥七巷漆匠拿了锡。

要求：发音准确，吐字清楚，语速流畅。

二、语气得当

语气是旅游服务语言表达的重要方面，是旅游从业人员在具体情境的情感支配下具体语言的声音形式。旅游从业人员为充分表达对宾客的真实情感，使游客感到亲切、服务态度积极，必须配合合适的语气；如果语气不当，不仅不能促进沟通，更有可能引起误会。2018 年 12 月 12 日晚上 7 点，808 包厢接待了四位客人。在包厢里，四位客人饶有兴致地品尝着美食，服务员轻快而热情地为他们服务：上菜、斟酒，一切都进行得井井有条、顺顺利利，顾客们态度亲切、行为举止充满了绅士风度。当上齐最后一道菜后，服务员正要松一口气离开餐桌时，其中一位客人突然抬起头，很有礼貌地对服务员说："可不可以为我们介绍这道菜使用的原材料？"服务员一听慌了，因为自己刚到酒店实习不久，对一些菜肴还不熟悉，酒店也没有针对菜品的具体培训，于是红着脸对客人说：“先生实在不好意思，我只是个实习生，对菜品的烹饪方法并不熟悉，能不能让我出去请我们的经理进来详细地告诉您具体的方法呢？”服务生用恳切的语气和请示的态度与客人坦诚相待，客人也就没再坚持，友好地请服务生离开了包厢并表示有事了再喊她进去。

在口语交际中，话语的轻重、快慢、高低、强弱与语气词一起密切配合，互为映衬，生动地传递谈话者的情感态度和耐人寻味的言外之意。作为旅游从业人员，不仅要学会从宾客的语气中捕捉游客的潜在心理，同时应能够善于运用语气（词），以促进与宾客的有效沟通。旅游从业人员在运用语气时可注意以下几点：

1. 通过重读、轻读、慢读等突出重点，强化信息

语言的轻重缓急是语气的外在表现，讲话者通过声音的强弱突出所要强调的重点、通过延长气息深化所要表述的内容等方式，不仅能够强化信息，同时可表达某种情感。例如某服务生对宾客赞赏道“您的首饰可真漂亮啊！”，为了表达对宾客首饰的赞美之情，突出强化首饰和漂亮，同时结合语气词“啊”，将真诚的赞美之情表达到位。客房服务生在向住店宾客介绍客房布草时，为强调布草品质，特别突出“纯棉”，并告知宾客“枕头是用上等棉花填充的”。

【练一练】

以下请大家分析应该强化的信息，并试着读一读：

1. 我们旅行社所有的旅游线路都不会强制购物，请您尽管放心！

2. 先生，您总共点了两菜一汤，清炒时蔬、水煮鱼、紫菜豆腐汤，对吗？

3. 欢迎大家来到“莫道宜春远，江山多胜游”的美丽宜春！

2. 忌用质问的语气

质问的语气有挑衅、质疑之嫌，容易激发客我矛盾，因此，质问的语气是服务语言的禁忌。例如，有一位餐厅服务员送汤上台时，宾客不留神用胳膊将汤碰翻了，汤泼湿了宾客正在阅读的一份文件，宾客为此大怒，冲着服务员说：“你一定要把它弄干净！”服务员如果说“你用胳膊弄翻了，为什么怪我？！”一定会让事态火上浇油，宾客碍于面子大发雷霆是极有可能的。宾客不留神碰翻是真，但服务生挑明事实就有失语言的艺术性了，服务语言艺术的最高境界应该是不直言宾客错误但能够让游客顿悟自己的错误。因此，服务员如果这样回应：“好！先生，真是非常对不起，这是我的错。我们宾馆有商务中心，我马上给你送去打印一份。”这样的回应至少不会激发游客愤怒之情。

但在实践中，游客激动情绪之下质问旅游从业人员或因为说话习惯的原因宾客惯用质问的语气，但作为旅游业人员应该理性对待，有理有据有艺术性地把“对”让给宾客，这是职业素养的体现，也是宽容大度的表现。

3. 忌用反问的语气

旅游工作中还应避免使用反问的语气，反问语气最集中的表现就是使用反义疑问句。反义疑问句由陈述句和疑问句组合而成，一般前半部分否定、则后半部分肯定，或前半部分肯定后半部分否定。反义疑问句有较浓厚的感情色彩，可表示愤怒，讽刺，惊奇，不服气，疑惑，嫉妒等。例如某酒店餐厅晚餐开餐时间是 18：00，有宾客对餐厅营业时间没有搞清楚就早早地前去用餐，结果却被礼貌地请至休息区等候，宾客以习惯了地语言方式抱怨起来："以前不是都 17：30 开餐吗？这都过了十分钟了怎么还没开始呀？""你们酒店是怎么回事啊，还让不让我们吃饭，吃个饭还要等那么久。"由此可见反问的语气表达的情感较为强烈，但作为有职业修养的员工切不可如此回应"为什么没有搞清楚就来餐厅？"，我们语言沟通的目的是为了解决问题而不是增加矛盾。因此，只要耐心地用陈述的语气告知宾客就可以了："我们一直都是 18 点开餐，现在餐厅还在备餐，会尽快让大家用餐。"

4. 忌用命令的语气

旅游服务的性质决定了旅游服务语言的服务性，这种服务性要求从业人员应当扮演好自己的职业角色，尊重宾客、避免主观伤害，因此，服务场所中不适合用命令的语气，以免让宾客产生不好的感觉，甚至可能会冲撞宾客的自尊心。例如游客要返程了，导游员出于好心提醒游客早点收拾好行李以免有所遗漏或耽误行程，但一句"大家快点收拾"，让游客很不喜欢，不仅没有感觉到导游员的好心，反猜疑导游员为什么那么着急。

【练一练】

请大家将以下命令的语句修改一下：

您不能进我们的工作间。

不准开那扇窗。

5. 忌用轻视的语气

不论是日常生活还是服务工作，轻视的语气都显露出瞧不起他人、不尊重他人的心理。从文明的角度、从素质的角度，我们应该摒弃轻视的语气和轻视的态度，在旅游服务工作中，只要做到心中有顾客，只要秉承对顾客一视同仁的原则，不戴有色眼镜看人，就能够避免出现轻视宾客的问题，这也是旅游职业道德的基本要求。

三、通俗易懂

1. 忌用方言俚语，避免沟通不畅

试体会以下方言俚语，如果用在旅游服务场所，能达到沟通的目的吗？例如，来宾问服务生：您忙完了吧，可以帮我们入住登记否？服务生答：冇（mao），再等一哈。

又如，服务生调侃宾客说：你们几个在这里“策”什么咯？可以恰饭了。显然，对于方言以外的人，最多能够一知半解，正是因为方言应用的局限性，不适合对客交流。俚语，是指民间非正式、较口语的语句，是百姓在日常生活中总结出来的通俗易懂顺口的具有地方色彩的词语[①]。俚语的特点是地域性强，较生活化，一种非正式的语言，通常用在非正式的场合。例如：俚语“月光影只当银番钱”，比喻不辨真假虚实，把希望寄托于不可能到手的东西；俚语“一个馒头也要发食”，比喻事情虽小，做起来都要经过一定程序。可见，其通用范围较窄，不适合于旅游服务。

2. 忌用行话和专业术语

行业用语是指行业内部的专业用语。在现代社会中，社会分工越来越细，一些新兴行业如雨后春笋，行业用语和专业术语也越来越多。有些行业用语由于社会使用比较广泛，已经被社会广泛认识，如股市中的“熊市”“牛市”，房地产中的“容积率”等。旅游业虽然已进入大众旅游时代，但仍然有不少行业用语是大众不熟悉的。例如，“旅游线路组合”“零点餐厅”“开夜床”“布草”“布菲”，等等。

3. 面对面服务中忌用书面语言

这是由旅游服务语言的性质决定的，请大家阅读以下一段书面语，“敝公司一行五人，于某年某月某日乘坐航班 H0615 抵达贵地，请接洽”，如果用于面对面交流，恐怕会被人说成孔乙己了。当然，旅游书面用语会用在信件、卡片等形式的交流中，但不适于口语交流。

4. 忌用长句和逆序语

长句是指结构复杂、词语较多的句子。口语交流即发即收，即讲即逝，时效性非常强，语句过长，说者费时、听者费心。例如某游客就发票问题问导游员何时解决，导游员回应道：“您提的这个意见我们旅行社已经收到了，旅行社很重视已经开始调查，如果如您所说我们员工以没有发票为由不给您开发票的话一定是我们的错，具体情况可以给我们三天时间进行调查吗，我们一定正视问题，公平、公正地向您做出说明”。如此，导游人员说得费劲，宾客听得也吃力，尤其是宾客处于行进过程中，导游人员说话更要简短。

逆序语句，是指说话不按表达内容的自然顺序，不是“行云流水”，而是“跳着说”。例如，“大家稍微整理一下，就请到餐厅用餐，餐厅已经开餐，如果去晚了饭菜凉了就不可口了”，这是根据进店、用餐先后时间进行的表述，比较自然，但如果先强调开餐了，让宾客用餐，再说整理一下就是跳着说了。为此，除了特殊情况以外，导游服务语言不使用逆序语句，以免令宾客感到费解，甚至产生歧义和误解。

---

① 陈言 . 词和天下［M］. 北京：国际文化出版公司，2015：84.

【练一练】

一些常用的旅游服务规范用语：

欢迎语：
——您好，欢迎光临！
——您好，欢迎您下榻我们酒店！
——您好，欢迎您来就餐！
——祝您在这里生活愉快！
问候语：
——您好 / 大家好 / 你们好！
——早安 / 早上好！
——昨晚您休息得好吗？
——上午好！
——午安！
——晚安！
——请问您哪里不舒服，需要就医吗？
告别语：
——再见！
——欢迎 / 期待您下次光临！
——明天见 / 改天见！
——祝您一路平安！
——祝您旅途愉快！
——祝您归途愉快！
——保重，祝您一路顺风（非飞机旅客）！
——我们期待下次为您服务 / 我们期待能和您再次见面。
祝贺语：
——生日快乐。
——新婚快乐。
——节日快乐。
——端午安康！
——新年快乐。
——圣诞节快乐。
——周末愉快。
——祝你们在这儿玩得开心、住得顺心。

征询语：

——请问您有什么事情？

——我能为您做些什么吗？

——请问您还有别的事情吗 / 请问还要别的吗？

——您喜欢……吗？（例如，您喜欢楼层高一些吗？您喜欢靠窗的位置吗？）

——如果您不介意的话，我能……吗？

——对不起，先生，我能知道您的名字吗？

——请问发票抬头是什么，您可以扫码填写吗？

——请问您是刷卡还是付现？

——我领您去房间，好吗？

——您决定喝点什么吗，我们这里有……

——您填一下登记表，好吗？

——如果您有什么事，请告诉我们。

——这是您第一次来 ×× 吗？

——您感到这个城市怎么样？

应答语：

——好的 / 是的。

——不客气，这是我应做的。

——照顾不周的地方，请您多多指教 / 多多包涵。

——欢迎您批评、指教。

道歉语：

——实在对不起，请原谅。

——打扰您了。

——感谢您的提醒。

——对不起，那是我的过失，请您原谅。

——对不起，让您久等了。

——对此表示歉意。

——因为天气不好，今天夜花园不开放，我们表示歉意。

答谢语：

——为您服务感到荣幸。

——感谢您的光临。

——感谢您在我们饭店下榻。

——有您在是很愉快的。

——谢谢您给我的礼物。

指路用语：

——请往前走/一直往前走。
——请这边走，太太。
——先生，您这边请。
——在拐弯处朝左/右拐弯。
——请在那边乘电梯上楼/下楼。
——请在这里下楼。
——您先请。
——先生，我来领路，好吗?

回答电话用语：
——这里是××饭店前台，愿为您服务。
——您好！这里是××酒店。
——请问您要哪个房间的电话?
——先生/太太，我怎么称呼您?
——很对不起，先生/太太让您久等了。
——请问您贵姓?
——请问您找哪一位?
——请您先不要挂断电话，我为您找一下。
——请您稍等，我替您接……
——请您再说一遍，好吗?
——对不起，那个分机现在占线。您等一会儿再打好吗?
——电话占线，如果接通了，我传呼您好吗?
——先生/太太，他不在，我可以代劳吗?/需要留言吗?
——对不起，××先生不在，您等会儿再打来好吗?/您可以等会再打来吗?
——我能为您带个口信吗?
——对不起，您打错号码了。……没关系。
——××酒店订餐服务部，随时为您服务。
——先生/太太，您想订些什么菜式?请问您的名字，房间号码/具体地址?
——××饭店客房部，愿为您服务。
——××饭店屋顶花园茶座，随时为您服务。
——××宾馆洗衣房，愿为您服务。
——祝您在××饭店居住愉快。

（学习建议：也可结合旅游英语口语相关课程练习以下用语的英语表达）

5. 避免服务忌语

（1）不尊重他人的语言。例如，对老人直呼倔老头，说一个病人是病秧子，把身材不匀称的人叫大胖子或麻秆、细竹竿等，把视力不好的人说成瞎子，把个头矮的人说成小坨子等，其实，人无完人，尊重他人就是尊重自己，直呼他人的缺点是有失修养的表现。

（2）不友好的语言。就是充满敌意的、不友善的语言，这类语言是对旅游职业道德的亵渎。例如，客人要求服务的时候，服务员以鄙视的语气说，这是你这号人用的东西或者说“您可以耐心等一下吗？”将客人本应该有的要求定性为缺乏耐心，显然是不友好地转移话题，如此何谈对客沟通呢。再例如，面对客人的批评或建议，对客人顶撞，“服务员快点上菜”，“催什么，菜做好后自然会上菜”。

（3）不耐烦之语。旅游从业人员要提高自己的服务质量，就要在接待旅客时表现出应有的热情与足够的耐心。要努力做到：有问必答，答必尽心，避免主观性；不分对象，百答不厌。

所谓答必尽心即在服务接待中不允许回答“我不知道”“我也不清楚”等，即便遇到自己真不知道的情况，也应该尽力帮助宾客。例如住店宾客问某实习生“附近有药店吗”，实习生确实不知道怎么办呢？旅游服务要求我们具有同理心，因此，应急客人之所急，问问其他同事是否知道或者客人有什么具体需要，有必要帮客人打车到医院吗，即便有些事最终未能帮助解决，这样的努力过程一定也可以让宾客感动了。所谓避免主观性是指旅游从业人员在对客接待时不应以自己的主观思维影响宾客判断。例如北方某城市旅行社前台接待了一位游客，该游客正咨询春节海南 7 日游路线，当问及价格时，接待员说：3999，不贵。也许接待员真觉得不贵，但每个人对价格的敏感性不同，如果能够从线路产品的性价比上进行说明就比简单的一个词“不贵”更合适。

所谓不分对象，百答不厌即要求旅游从业人员对所有宾客一视同仁，给予一样的真诚与热情，避免不耐烦的语言。例如餐饮服务中的“盯桌”，其他桌宾客要求为其提供帮助时，有的服务生不耐烦地说“那里不归我管”，客人一听就火了，“这是你们酒店，我为什么不可以找你？”还有的服务生对客人说“请稍等”，除了语言应付一下，却没有实际行动，其实也是一种事不关己的心态。这些都是不可取的。再例如新闻报道中提到个别导游人员因为游客未在指定购物点购物或者团队购物金额较少便对游客不耐烦甚至冷眼相待，这样亵渎职业道德的言行都是不可取的。

（4）不客气的语言。例如，在劝阻旅客不要动手乱摸乱碰时，不能说：“老实点。”“瞎动什么！”“弄坏了你管赔不管赔”等等。

在需要旅客交零钱，或没有零钱可找时，直截了当地要对方“拿零钱来！”或告知对方“没有零钱找”等，都极不适当。

在旅客提问时，绝对不能同对方说什么“怎么那么多问题？”“不要总问我”。

（5）不礼貌的语言。像粗话、脏话、黑话、怪话、废话都是不礼貌语言。例如，“土妞”“土老帽”“暴发户”等不礼貌的称呼。怪话，指牢骚之话、怪诞的话，也指无原则的牢骚议论；废话指无意义的、多余的话，旅游服务语言应力求简洁，围绕说话的目的，提升语言的表达效率。

6. 条理清楚，表达亲切、自然、准确

在语言表达中，无论是书面语，还是交际口语，一个共同的要求就是要条理清楚，即中心突出，主次明确，逻辑性强。就酒店服务语言而言，要做到条理清楚，必须从总体上抓住五个“W”和一个“H”。

Who，即同谁说话。要根据不同的服务对象，使用不同的说话方式和风格，避免“话不对人”，避免没有条理性。例如，导游员对教师群体的导游讲解应该科学严谨，富有逻辑性和条理性，即使闲谈时，也要避免说野史一类的话题。

Why，为什么说。也就是说话的目的是什么，例如“先生，可以斟酒吗？”这句服务用语的目的就是征求宾客斟酒意见，适用于特定的场景中，马上开席的场景、宾客已喝酒或已干杯的场景，非饮酒的场景显然是没有必要讲的。

When，什么时候说。因为说话时机的选择与谈话方式和效果是密切相关的。

What，说什么，也就是说话的内容应确切。例如，盯桌的服务多种多样，上菜、续茶、斟酒还有宾客的额外要求，这些服务交叉进行，完全需要服务生凭借经验有条不紊地进行，该过程中的服务语言就要和服务的内容关联准确。

Where，交谈的地点。不同的谈话地点，形成不同的语言环境，而不同的语言环境会产生不同的语言效果。例如，导游讲解移步异景，每一句讲解都与环境密切联系。

How，即怎样说。这是一个谈话思路和语言组织的策略问题，它贯穿于谈话的全过程，而条理是否清楚是其关键所在。

酒店服务人员的语言表达一定要亲切、自然、准确，这是酒店行业对服务语言的特殊要求。亲切，就是要做到话中有情，以表达对消费者的欢迎和感激之情。自然，就是要“用心说话”，证明自己对客人的热情发自内心，而非“履行公事”。

【练一练】

请几个学生朗读“好”字，要求仅仅凭“好”字的读音 hao 表达出愤怒、恐惧、喜悦、妒忌、紧张、难受、骄傲、同情、嘲讽、满足十种感情。同时请其他学生听音判断。

讨论一下，没有实在内容的字母的读音是否完全可以表达感情？

【本章习题】

旅游服务语言运用要遵守什么原则？

请就课本中的案例进行服务过程的经验总结。

【本章案例】

某城市有一家三星级饭店，一贯以对客服务质量最佳、满足客人心理需求主动、灵活，在该城市久负盛名，为此，每天都是客人爆满，生意兴隆。一个星期天的中午，大餐厅里喜气洋洋，十几桌的“寿”宴正在客人的碰杯和欢笑中进行着。在餐厅正中间墙上挂着大红的“寿”字，映着八十周岁“老寿星”红光满面的脸庞，四世同堂的子孙和亲友们激情高昂，欢声笑语响成一片。“老寿星”的子孙和亲友们在碰杯、祝寿的同时，不断地品尝着二十多道美味佳肴。不到一个小时，有的餐桌上的菜盘就见底了，有的餐桌上菜肴全吃光了，有的餐桌上把服务人员送上来的点心和水果也“一扫而光”了。这个场面印证了一句俗语：“心情好，食欲高。”可“老寿星”和亲友们还沉浸在互相碰杯的欢乐之中，“祝你长命百岁”的祝寿语，还在不断响起，十几桌的客人们都还在团团坐着，却没有了菜肴下酒。“老寿星”的儿子看到这个场面很尴尬，用命令的语气对伫立在餐桌旁的服务人员说：“赶快上菜！”这个服务人员是刚进饭店半个月的实习生，听到这句话后，马上怒气冲冲地说：“你们的菜已经上完了！”在座的客人听到后，欢笑声顿然消散，纷纷离席而去，“老寿星”觉得太丢面子，也怏怏而去。“老寿星”的儿子在结账的时候，向餐厅经理投诉了这个服务人员。

资料来源：牛志文．饭店服务人员培训教材［M］．北京：金盾出版社，2007.

讨论与思考

1. 服务员错在哪里？
2. 如果您是当班的服务生，您会如何做、如何说？

第四章

旅游服务语言的应用技巧

【学习目标】

掌握旅游服务各场景中的沟通技巧，掌握旅游服务语言的应用技巧。

【重点内容】

观察与倾听的技巧，问候与寒暄的技巧，委婉表达的语言技巧，灵活回答的语言技巧，科学提问的语言技巧，有效解释的语言技巧。

第一节　观察与倾听的技巧

一、观察与倾听

观察即通过捕捉谈话者的表情、眼神、手势动作等体察谈话者的内心世界；倾听则是听别人把话讲完，在旅游服务场所，倾听是让宾客把话讲清楚、讲完整，也体现出从业人员对宾客的尊重之意。

倾听与观察是人的感觉器官在人际交流中作用的结果，二者相辅相成，使交往双方不仅听言中之意，也察言外之意。因此，对旅游从业人员提出“眼观六路、耳听八方”的要求。

二、观察与倾听的必要性

旅游实践证明，旅游消费者的需求是多种多样的，但能够把旅游需求和盘托出的游客并不多，或者碍于面子，或者担心价格又或者怕麻烦等心理。同样地，除非逼不得已的投诉，宾客也几乎不会向旅游企业提意见，不少宾客可能会与同伴商量或自言自语，因此，观察与倾听是捕捉游客深层次需要的必要途径。

一次，××酒店的行政酒廊来了一位先生，边打电话边询问接待员 Vivian："我的房卡需要重新刷卡吗？" Vivian 接过房卡后得知客人的基本信息：他是来自上海的张先生，通过网络预订，第一次入住本酒店。

Vivian 礼貌地引领张先生来到了餐区，为客人介绍早餐、下午茶以及欢乐时光的营业时间及其特色。她看到行政酒廊的用餐区域还有未撤掉的水果，便询问张先生是否需要为他取一些，张先生很高兴地说："给我留个橙子和梨子吧。" 于是 Vivian 将水果切好，并为客人热了一杯牛奶，给客人送去。

这时，张先生依旧在通话中，Vivian 听到张先生通话中说："这里没有欧舒丹，不像我们上次住的地方……" 在客人用餐期间，Vivian 从与张先生的交流中了解到，张先生常住高星级酒店，已习惯了用欧舒丹的洗漱用品，得知我们酒店只有套房才配置欧舒丹感到遗憾。Vivian 考虑到张先生是来自网络预订的客人，良好的评价对酒店的声誉有积极的影响，给客人留下好印象就是在创造回头客。

于是 Vivian 打电话向管家部申请，给张先生的房间配置欧舒丹。当服务员把欧舒丹送至房间后，告知张先生他需要的欧舒丹洗浴用品已经送到房间了，张先生听后脸上流露出惊喜的表情，很是满意。他非常高兴地说："你的服务真的很用心，很关注宾客需求，以后来 × 市我就住这里了，下次一定推荐同事来住。"

随后，张先生向酒店写了感谢信。信中提到：首次入住贵酒店，一入住就被贵酒店的热情服务所感动。但是使我提笔的还是行政楼层的 Vivian 用心的服务。当得知我在其他酒店的入住习惯后，主动为我送去喜爱的洗漱用品。对于经常出差的我而言着实可贵。正因为这一细心的服务，我下次依然会入住贵酒店。

以上案例说明，服务员在做好分内工作的同时，若能善于倾听、主动倾听，甚至是通过必要的"偷听"来捕捉客人的愿望，客人必会将惊喜化作对服务员的感激，这就是倾听的魅力。

三、观察与倾听的技巧

旅游从业人员要做到善于观察、善于倾听，应该注意以下两点：

一是"勤"字当头，提高主动性。勤走、勤看、勤听，是得以观察、得以倾听的必备条件。旅游消费者在服务场所的位置往往相互固定，如果从业人员站在某个角落一动不动，宾客喊了才有所反应，当然听不到宾客的潜在要求，因此，服务的主动性是确保观察与倾听的前提。

二是体察宾客言语的内容与性质，做出合理的回应。观察与倾听的目的是更好地提供个性化服务，没有结果的观察与倾听就失去了其本身的意义。旅游从业人员应该根据宾客期待的程度，或事态的性质做出合理的回应。例如，某宾客对同伴说“菜咸了点吧”，另一位却说“还行吧，能接受”，显然，这是个人感知的差异性，不处理不会有不好的结果，及时送上一杯热水则是一个温暖的举动。再如，观察到宾客很生气，就要分析是出于私事还是消费原因，进而做出回应。

一次，中餐部吴经理得知晚上某包厢的主人要为一位女士饯行，这位女士马上要离开本市，去另一城市发展。该经理马上想到要为即将离开的这位女士准备一份礼物，符合“前程似锦”的寓意。于是，用一颗完美的橙子、2 张人民币、一张包装纸、一条礼品袋，制作成一个“钱橙似锦”的礼品送给客人。客人收到这份礼品后非常感动，夸酒店太有心了，并喝下杯中酒以示感谢。

旅游从业人员提升观察与倾听的能力与效果，可以从以下方面着手：

1. 懂得与宾客共鸣

不论是应对宾客消费需要还是发泄情绪，有效的倾听应做到设身处地地从宾客角度看问题，结合细致的观察与揣摩，努力领会宾客言辞的本意和要传达的情绪。有时候，说话者不一定会把他的真实想法直截了当地告诉旅游工作人员，这就需要我们从宾客的说话内容、语气、语调、肢体语言捕捉信息。如果无法准确判断他的情感，也可以直接问：“那么您的感受如何，您觉得如何处理更好？”“您有什么意见或建议吗？”

询问对方的情感体验或真实想法，不但可以更明确地了解对方的情绪和想法，也容易延伸出更多的相关话题，打开谈话的思路和格局。当我们真正理解了对方当时的情绪和想法后，应该首先给予充分的认同：“您说得太对了！”“那真是太不应该了，怎么可以这么不考虑别人的感受呢？”“我知道您为什么这么愤怒了。”等等，让对方感觉我们能够理解他的感受并与他同一立场，这样的共鸣也就拉近了彼此的距离，进而可以取得宾客更多的信任。

2. 善于引导宾客

在交谈过程中，宾客可能失去了谈话的兴趣，没有谈话的积极性，这时服务人员可以说一些简短的鼓励性的话语，如“嗯”“原来如此”“是这样啊”“哦”“我明白了”等，以向宾客表示你正在专注的听，并希望他继续讲下去且把真实的感受讲出来，同时，可以通过适当的提问引导对方说下去。例如，“然后呢”“后来呢”“您对此怎么看”等。

3. 与对方保持眼神交流

倾听时，我们的眼睛不应该飘忽不定或视线在他方，应该注视着对方的眼睛，这不仅体现出对他人的尊重，也表示听者的态度，这对提升对方谈话的积极性至关重要。即使其他宾客中途打扰，我们也应该在和其他宾客解释之后继续回到与之前宾客谈话的环境与氛围中，并把主要的注意力放在交谈的对象上。否则，宾客会质疑或直言质问“你有没有听我说？！”

4. 采用辅助性措施，提升传播效果

对客交往中，语言环境纷繁复杂，有的在室内，有的在室外，有的环境安静温馨，有的环境吵闹嘈杂，这就对旅游从业人员的音量、音速提出了环境要求。所以，从事户外导览的服务人员多半会佩戴麦克风等扩音工具以提升传播的空间，个别餐馆也有了为协调指挥的迎宾员配备扩音工具的现象。

【同步案例】

2018 年 12 月 1 日，这是一个周六的早晨，看着餐台上陈列的菜肴，餐厅接待员忍不住多瞄了几眼，没注意到迎宾台外的情况。这时有位先生匆匆忙忙进入餐厅用餐，按照规定，在客人进餐厅前服务员要向客人问房间号，才能用餐，以方便酒店统计用餐人数及结算费用。这位先生没有回答服务员的话，直匆匆地进入餐厅，从其从容的步态看，似乎是餐厅的常客，但对于刚到餐厅实习一个多月的服务生而言，他还是个陌生的客人，不知道其房号，按规定就得询问客人。待这位先生取餐坐到位置上，实习生便上前询问房间号，结果客人不高兴了，“你不知道我是谁吗？吃个早餐一直跟着，问问你们经理，看我有没有房间号。”主管闻声赶来，一边向客人道歉，一边向客人解释服务生是新来的，并告诉实习生这是跟我们酒店合作的林总，常住在 1618 房间。

案例总结：现实中，总会有一些客人对于同样的事情不希望别人问太多次，问多了会使客人觉得备受打扰、觉得烦躁，还有的宾客会觉得没有受到尊重。因此，在不确定的情况下可以先不打扰客人用餐，在适当的情况下再提醒客人未报房号或者询问老同事。一般情况下，如果不是常客，对餐厅不熟悉的客人，都不会为难服务人员。案例中服务员按照服务流程操作，但对于一些问题一丝不苟的执行制度反而可能导致客人投诉，因此要学会察言观色，对不同的客人做出不同的处理方法。

【练一练】

下面是进行倾听训练的步骤：

第一，准备材料：新闻或者故事，任何能够含有数字、情节、人物等的新闻或故事都可以

第二，实施过程：

1. 每个同学单独准备不少于 6 份材料，将材料来源、提问与答案、评分标准等汇总于教师审核，对合格的材料内容无须对同学做任何介绍和说明 。

2. 两人一组，一个读、一个听，两个人可由教师随机安排或由同学自行组合。

3. 提问：读完一则材料即刻就材料涉及问题进行提问。

4. 听的一方就读的一方所提问题进行回答，回答方式建议先写下来，后期倾听能力提升后可由写改为说。

5. 待对方答毕，读的一方将事先准备好的答案交由对方参照，或者双方一同将回答的结果与原文对照，依照评分标准给予量分。

6. 通过上述训练与量分，寻找获听信息的盲点和得失经验。

7. 听读一方交叉进行，循环往复，反复训练 。

第三，注意事项：

建议两人之间交互进行，信息捕捉与识记能力的提升需要一个过程，如果课堂时间有限，建议理论课课下或通过开设实验课完成。

第二节　问候与寒暄的技巧

【课堂导入】

与人寒暄时，你会有意识控制或把握自己的状态吗？（例如站姿、坐姿、手势、语调）

让你最自然的谈话主题是什么？

什么时候别人最喜欢你？

请大家畅所欲言，由此总结问候、寒暄之间的联系，寒暄的注意事项。

问候与寒暄都应用于与宾客刚刚见面的场景，从旅游服务的规范化视角看，问候语应用广泛，且已经形成模式化语言，寒暄则是问候之后的进一步攀谈，这种攀谈不是漫无目的，是旅游从业人员透过看似与服务不相关的话题，打破彼此无话可说的尴尬，从而拉近与宾客的心理距离。因此，寒暄是问候的进一步延伸。当然，旅游实践中，很多宾客的消费过程都是匆匆忙忙的，问候之后就是服务的细节，寒暄的时间十分有限，因此，从业人员应灵活选择是否寒暄，切勿占用应有的服务时间。

一、寒暄的方式

寒暄的方式有很多，不仅应用于旅游服务场所，在其他的社交场合也同样适用。在此，本书参考已有成果的经验，陈述以下方式：

问候式寒暄，是一种开场白式的寒暄方式，其作用可以替代问候语而发挥问候对方的作用。旅游服务过程中，旅游服务人员根据服务对象、服务场景，给予适时的问候式寒暄。例如，导游人员早上与团队集合后问大家“昨晚休息得好吗？”既体现出对宾客的关心也可打破面对面的僵局。接待回头客时问候一句“终于再次见面，真是太开心了”。

攀谈式寒暄，这是一种寻求共同话语的寒暄方式，这种寒暄方式的前提是发话的一方对交谈对方有了某些或某一点的了解后认求共同点，进而打开寒暄的局面。例如，南昌地接社接待了一批来自宜春的游客，该地接社派了毕业于宜春学院的导游员，该导游员就可以这样说：“很高兴为大家服务，我在宜春读书4年，说起来宜春是我的第二故乡。”

赞美式寒暄，这是以言简意赅的赞美、表扬、肯定为主要内容的寒暄方式，这种寒暄方式不应该浮夸、虚假，而以让人容易捕捉到、让人觉得真实的内容为基点。例如，面对带孩子的宾客，随口一句“小孩子真可爱”“发型真好看”“衣服真漂亮，等”在旅游、住宿、餐饮中都是常见的寒暄方法。

二、寒暄的技巧

1. 不谈个人隐私

非亲友关系中，避免谈个人隐私是彼此相互尊重、个人文明素养的体现。随着现代文明的发展和人们物权意识的不断增强，人们越来越懂得保持界限、距离的必要性，不侵犯他人隐私、保护个人的隐私成为现代公民的一种意识。在旅游服务场所，宾客与从业人员之间服务与被服务的商业关系使得隐私保护更加凸显，因此，寒暄时，旅游从业人员应做到不探究宾客具体年龄、不探究婚姻状况、不探究宾客家庭情况、不探究宾客经济状况，拉紧宾客隐私这根弦，使寒暄处于和谐的氛围。例如某迎宾员对迎面而来的一位熟客说“今天您的夫人怎么没和您一起来啊？”客人闷闷不乐地看了一眼迎宾员没有吭声。本就不该涉及宾客隐私，而客人正遗憾于没有和夫人一同前来呢，迎宾员如此寒暄使得气氛一下尴尬了。

2. 合理选择话题

寒暄既然不能涉及宾客隐私，又要有话可说，就要选择合适的话题，隐私之外的话题还是很多的，如男性多喜欢看体育赛事、军事报道，每一届的世界杯都让酒店、酒吧充满热烈围观、讨论的氛围；女性多喜欢护肤美容，对各品牌面膜、乳液的吸收与效果都能说出一番自己的见解。因此，在选择话题时可以选择符合对方兴趣爱好的话题。除此之外还可以有以下几种话题：天气类话题，直观且客观，人人都可以对气温、阳光发表看法，像“今天天气真不错！”“室外的气温真低啊！”等；新闻类话题，通讯的发达使得现代人晓知天下事变得既便捷又丰富，讨论某个社会热点或时事政要成为人们寒暄的重要话题之一；旅行也是一个内容丰富的话题类别，旅行过程中的食、住、行、游、购、娱都可以成为人们寒暄的内容，可以谈谈此次旅行的感受和期待，也可以谈谈过去旅行的经历。

讨论

适合农村体力劳动者、城市体力劳动者、脑力劳动者的话题有哪些，如何选择寒暄的话题?

3. 合理控制时间

寒暄是打破交谈双方尴尬境遇的一种谈话方式，其目的和功能仅仅是协调彼此关系、提升交谈氛围，因此，其占用的时间不宜太长，更不能因为寒暄而挤用了必需的服务时间。寒暄的时机也应该是见缝插针，服务的等待中、行走的过程中较为合适。

4. 以充分的知识储备为基础，综合各种语言艺术

寒暄看似和服务无关，但因为其对象是旅游消费者，旅游从业人员切勿过于放松甚至放纵自己，以免弄巧成拙。因此，任何的寒暄都应该本着礼貌、规范的语言原则。服务人员不应以自以为的常识来衡量顾客，如某酒店行李员跟随一位女性宾客送行李到客房的路上说，“夫人，这套衣服真适合您”，该女性听后嫌弃地答道：“我还没有结婚呢！”该案例中，该女性看上去有三十多岁的样子，服务员断然“以貌取人”导致了问题。要知道，当今社会大龄女青年、大龄男青年越来越普遍，切不可以看上去的年龄判断人家的婚姻状况。

服务人员还应该具备充分的知识，以避免对客人提出的话题无言以对。旅游实践中，不少的游客呈现出很轻松、很愉悦的心态，本来在家内向的可能受旅游环境的影响变得健谈，常常喜欢和导游员或酒店员工闲谈，但如果从业人员接不住话题，可能会让宾客产生从业人员什么都不懂的偏见。

【同步案例】

不要热情有余，功底不足

一位法国的退休大使接夫人来华旅游，一到北京就提出要好好参观故宫、游览长城，还要求会见他曾在某国当大使时的中国同行沈大使。导游员小黄不久前才获得导游证，第一次接待这么高层次的旅游者，所以他事前做好了各种准备，决定好好接待这对老年夫妇。

接到游客后，小黄按线索与沈大使联系，正离休的沈大使很高兴地答应第二天晚7时到饭店会见法国客人。第二天，沈大使夫妇如约到达，老朋友相见格外亲切。他们时而英语、时而法语，交谈异常热烈。法国客人非常高兴，对小黄的安排非常满意。

第三天参观故宫，小黄热情地按惯例进行讲解，但一再被退休大使的问题打断，而小黄又回答不出所提出的那些问题。老人问他：“对别人是怎样讲解故宫的？”小黄坦率地回答:“就这么讲解的。不过，旅游者没有提出那么多问题，大多数人一个问题也不提。”于是，大使先生不再提问题。到长城游览时，他也没有再提问题，而且说话也不多，只跟着小黄的安排游览。小黄意识到老人对他的讲解不满，于是就尽量让大使夫妇多看，客人多次建议他休息，他也不休息，而且跑前跑后，忙个不停，并一再问老人还需要什么服务，但老人都婉言谢绝了。

不久后，小黄所在的旅行社收到退休大使的信，对小黄的导游服务做了这样的评价：对工作热情有余，但功底不足；对老人尊敬有余，但了解不足。

资料来源：黄文清 . 服务语言艺术［M］. 北京：高等教育出版社，2003.

思考并回答：

小黄哪些“功底不足”，哪些“了解不足”？

分析及参考答案：

小黄一再问退休大使夫妇“还需要什么服务”，这说明他不善于察言观色，缺乏感知能力。在这次旅游接待活动中，小黄只有安排老友愉快重逢一事是做对的。法国退休大使评价小黄“对老人尊敬有余，但了解不足”，这是因为小黄在导游服务过程中不了解老人想休息的愿望，不了解老人全面了解故宫、长城的愿望，不了解西方上层人士“不打扰别人”的原则。从提出“对别人怎样讲解故宫”这样的问题，游览长城时不再提问，“功底不足”“了解不足”的评语，就看出了大使先生对小黄的导游服务不满。老人对小黄做出这样的评价。主要是小黄知识贫乏导致的。

优秀的导游员把自己成功的导游讲解经验总结为 16 个字：注意观察、鉴貌辨色、随机应变、灵活导游。这是我们可以借鉴的。

第三节　委婉语言的表达技巧

委婉的语言也称含蓄的语言，是语义婉转表达的一种语言技巧，适用于话题不便直说或直说可能伤及他人面子的情况。现实中，态度谦卑、语气平和的谈话者因为表达得不到位导致听者愤怒的情况比比皆是，委婉的表达是避免直言伤人、劝导他人的有效方式。旅游服务工作要求从业人员尊重宾客、以同理心理解宾客，不仅体现在心态上，更体现在言行上，言行是宾客最直观的评价依据，因此，旅游从业人员应善于委婉表达。但委婉并非拐弯抹角、并非云里雾里地让人不知所云，而是一种语意明确、高水平的表达艺术。

一、含蓄语言的特征

1. 语意婉达

即在某种语言情境中，将一些不便直说的内容或应当提醒而不宜指责的内容通过委婉地表达，让客人在回味中理解其中的意思，这是委婉语言最为明显的特征。例如，在旅行游览中，一位游客把嗑的瓜子壳随手扔在旅游大巴的过道上，并且在旅游的过程中还有随地吐痰的情况，团队中的其他游客对此现象颇为不满，从团队游客们不乐意说话的气氛可以判断大家内心充满了怨言。导游员看出了大家的心思，于是走到游客跟前委婉地说“先生，您在家也是这样的吗？”客人很不好意思地笑了，导游员接着说“忘了和大家说了，车上准备了不少垃圾袋，大家需要时可以随时拿”，边说边递了一个给这位游客。导游员没有用直接的语言批评，采用了婉转表达的方式既劝导了游客，又帮助游客解决了垃圾处置的问题。同时，应注意，语意婉达应应时应景，语言得体，机智灵活。

2. 柔中有刚

含蓄语言虽然婉转曲折，但婉中有意，曲中有刚。例如，一位导游为客人寻找不易买到的药物，事成之后客人拿出“小费”作为答谢，导游笑着说：“这些钱可用来买点小礼品，送给您的亲戚朋友，您留着吧！”如此，导游婉言谢绝了客人，又巧妙地表达了自己执行旅游行业“不收小费”的坚定态度，做到了柔中有刚。

3. 侧面示意

委婉含蓄的语言不是直接说明本意，而是从侧面切入，从侧面示意。2018 年 2 月 25 日礼拜天，福建某酒店的餐厅包厢来客爆满，服务员小易今天被安排到 205 包厢，服务对象是某公司的卢总，卢总一桌共四人用餐，小易给客人倒水、为客人点菜，菜刚点完没一会儿，卢总突然说道：“服务员，可以上菜了。”小易半开玩笑地回答：“先生您好！您这才刚点菜，需要半小时后才能上菜”。“那先来两份蒸爪子吧，这个会快点哦？”“我们这好像没有这道菜”，“怎么没有，我前几天还点过”。事实上，熟悉菜单是餐厅服务生的基本要求，餐厅确实没有这道菜，服务员第一次已经用“好像”委婉地回应了宾客，但是面对宾客坚持的态度，直接回答可就有伤客人颜面了，怎么办呢？小易灵机一动，说道“您稍等，我这边帮您问一下”。客人便就此打住，没有再提蒸爪子。从这个案例中可以看出小易在说话的艺术上做得很好，在卢总故意刁难时并没有生气，而是换另一种方法回答客人的问题，既能为自己解脱又委婉地回答了客人的问题。

二、旅游服务中可委婉表达的情景

1. 对待犯错的宾客，用委婉的语言提醒更容易被宾客接受

旅游消费心理研究表明，游客出门在外心态不同于日常，常常处于过于放松的状态，但又有求尊重的心理，因此，宾客旅行中的失误或犯错并不少见，旅游从业人员有维护团队宾客权益并为游客树立良好的旅游者形象的责任。委婉的提醒不仅容易让游客接受，也能够维护游客颜面。如果对随地吐痰的宾客说“你这人素质怎么这么差，竟然不顾公共环境随地吐痰”，可以想象至少会引发一场唇枪舌剑。

【同步案例】

不一视同仁的酒店

由于人们的思维逐渐趋向于理性，因此，人们不必用愤怒来解决问题，许多问题其实也知道，只不过需要有人指出罢了。但是，如果你义正词严地当众指出他的错误，有时反可得好的效果。所以，只要含蓄地表达出来让对方领悟就可以了。

一天，瑞特穿着一件旧衣服去饭店。当他走进饭店大门后，既没有人出来迎接他，更没有人招待他。这时瑞特才知道，在座的每一位都是西装革履，服务员对待他们彬彬有礼、服务周到。

于是，瑞特回到家里，换上好衣服又去了饭店。当他刚踏入饭店大门时，服务人员便出来并且把他引到了一个特别好的位置。不大一会儿，他点的菜就端了上来，服务员还特别热情："先生，请慢用。"

只见瑞特麻利地脱下外衣，将它妥帖地放好，说："衣服吃饭了。"

服务员好奇地问："先生，您这是什么意思？"

瑞特说："我也要把我的外衣款待好啊。你们这里的酒和菜，不是给衣服准备的吗？"委婉含蓄地表达了自己的不满，又保全了修养。

饭店服务员听到这话后特别不好意思，连忙向瑞特道歉。

含蓄的语言虽然不能起到使枯木重生的作用，但却能活跃谈话的气氛；虽然不可以解决纠纷问题，却能将事情点到为止；虽然可能达不成与犯错者的共识，但也可以让彼此胸中有数。指出别人的错误的时候，最好选择含蓄的表达方式。

案例来源：姜军．最受欢迎的沟通方式和技巧［M］．南昌：江西教育出版社，2014：38.

2. 对于不确定的问题可以用委婉含蓄的语言"探路"

旅游服务中往往需要获取宾客的理解与支持，但是如果贸然请求，可能有推脱责任或失职之嫌，委婉含蓄的语言可以为从业人员打开突破口。例如，导游带团的过程中，接到旅行社电话，旅行社告知该导游员前往计划路线的某景区的必经之路发生特大交通事故，道路已封锁，可通行时间未知，让导游员征求游客意见，选择等待或改变计划，如果选择等待，延误时间及影响要给予游客说明，游客对此会失望、生气还是理解？如何了解游客意见？导游员可以用含蓄的语言探明游客的旅游期待，以寻找替代性解决方案。

3. 对于不文雅的事物或不文明的现象，委婉的语言可以避俗就雅

请大家比较以下几个例子中的两种说法，体会委婉语言的表达效果。

（1）去一下厕所；去一下洗手间。

（2）这个人是个聋子；这个人听力不太好。

（3）那位客人要逃账；那位客人忘记结账了。

4. 对一些比较敏感或一些两难问题难以回答时，可以用委婉的语言避开问题

例如，两个小年轻正在互损互讥地打打闹闹，突然扔给正在为他们忙前忙后的服务员一个问题：我和他比哪个更帅？对于这个问题，选择其中一个都可能得罪另一个，只听服务员笑着说：看你们两个开朗阳光，都很帅！将对于“以貌鉴帅”的概念转移到了性格上。

5. 当宾客出现言行放纵或不文明的行为时，委婉含蓄的语言可以有效劝解

旅游消费中，游客脱离原生活、原工作环境的约束，心理上过于放松，行为上便出现了不同于日常的表现，例如不抽烟、不喝酒的宾客可能借着游兴也尝试抽烟、喝酒了，还有的游客可能会出现随地吐痰、随手丢垃圾的行为，作为从业人员，切勿因此将游客定性为素质低、不文明，一旦如此认定，极容易让我们带上“有色眼镜”，失去了待客的理性，也许是游客太兴奋导致忘乎所以，或是不知道怎么办不得已而为之，因此，从业人员面对宾客不文明行为应该以同理心对待，同理心并非都是赞同，而是一种理解，应以委婉含蓄的语言劝解。例如行车过程中，某导游员看到一游客将果皮随手丢在座位底下，对着全车游客说：“真不好意思，没来得及给大家发垃圾袋，垃圾袋就在前排，需要的乘客请到前排拿或让前排的朋友们递过去”，导游员一边说一边随手拿了一个送到那位游客手里。导游员就这样不动声色地劝阻了游客乱扔垃圾，同时解决了游客垃圾放置问题。试想一下，如果导游员直言说“请大家爱护车上环境，不要随手丢垃圾”，其效果如何呢，要知道，“不要……”句式仅有阻止之意，没有解决问题的作用。

第四节　应变回答的语言技巧

旅游服务中，从业人员往往面临宾客提出各种各样的问题，这些问题有需求导向型的，有不满投诉型的，也有质疑发声型的，还有很多随机提出的问题。作为接待人员，不回答有失礼貌，如果回答不讲究技巧，很可能导致事态恶化。因此，我们要积极严谨地回答宾客提问。

一、回答的原则

1. 灵活性原则

实践证明宾客提出的问题是多种多样的，即使是同样的问题，不同的宾客所提问题的出发点也往往不同。例如，宾客到店问：菜放辣椒吗？许多店员知道自家菜馆主打赣菜、湘菜，是一个辣菜主题馆，也就顺口按照惯性思维回答：放辣椒。结果，不吃辣的宾客扭头走了。聪明的店主往往这样回答：可放可不放，看客人的需要。这样灵活的回答多半能把客人留住。回答的灵活性不要局限于问与答之间的连接度，更应考虑回答范围波及的影响度；同时，回答的灵活性还要求旅游从业人员针对问题的类型、紧急性、宾客态度做出灵活的回应。

2. 体贴性原则

体贴性是旅游服务人员应答客人问话的基本要求，是旅游从业人员能否把握宾客心理的一种体现。应答的体贴性具体表现在这样几个方面：一是接待人员的态度，要求热情而有耐心、细致而不推诿，给予宾客充足的时间表述清楚；二是不断然否定宾客意见，特别是宾客意见不合理时，应科学引导宾客调整观点；三是确实因旅游企业服务失误导致的问题，应本着以人为本的原则积极处理。例如，某宾客冬季入住了一家酒店，晚上想淋浴时，卫生间温度过低，刚放出温水就赶紧淋了起来，结果水一下子变烫，将客人半个胳膊烫红了。匆匆裹好衣服后客人便在愤怒、惊魂未定之下拨通了客房服务中心的电话，客房服务生闻讯赶到客房没有安慰宾客，也没有询问伤情，径直指责客人没有调节好水温就淋浴，致使客人万分恼怒，投诉给了大堂副理。

3. 针对性原则

针对性原则是指旅游从业人员对客回答应针对具体问题给予针对性回答，避免“答非所问”，遇到确实难以回答的问题或难以解决的问题也应该积极建言献策，积极引导宾客接受既定事实，千万不能避而不答。例如，某游客听说某地新引进了一个旅游表演项目，主题鲜明、内容精彩，特别想一睹为快，于是将这个信息告诉了同团的游客，游客们纷纷向导游员提出了看旅游表演的要求。但是按照合同确实没有这一项，如果要更改，不仅涉及其他活动时间的调整，还涉及旅游表演的门票问题。针对这个问题，怎么办呢？一般的做法就是时间允许、宾客愿意自费的情况下组织观看，若缺少任何一个条件，导游员就要说明自己的努力、其他活动的乐趣，以安抚宾客失望的情绪。

二、回答的技巧

1. 简洁回答法

简洁回答法就是一种直截了当的回答方式。例如，宾客需要入住但客房已满，就直接告诉宾客“抱歉，暂无空房”，以便于宾客到其他酒店入住，没有必要过多地解释以免影响宾客行程（当然，可以感谢宾客对本酒店的认可，没有必要过多阐释）。再如，航班晚点了，导游员就可以直接告知游客登机时间延迟了这一明确原因，如果拐弯抹角只会让宾客更着急。又如，住店宾客询问自助餐时间、地点、退房的最晚时间等，都需要明确简介。

2. 委婉回答法

这种方法不是就宾客的提问给出直接答案，而是通过避实就虚的方式，让宾客得到回答但得不到具体回答的技巧，适用于涉及工作人员隐私、企业利益的情况。例如，某游客问酒店，酒店标准间与旅行社的协议价是多少？如果直接回答价格，势必引发宾客对散客价格的不满，因此就需要委婉回答。可以说视合作时长短而定，视合作的业务范围不同等，总之，不适合直接提及具体价格。

3. 设定条件法

设定条件法是指旅游从业人员在回答宾客某些问题时，在设定一个条件或前提后再提出条件之下的答案。这种问答法适用于模糊性问题或难以回答的问题。例如，某导游员在一次带团的过程中就遇到游客提出这样的问题：为什么邻桌团队的饭菜这么丰盛还有饮料，而我们却只有四荤六素？导游员说：如果每个人加再 50 元的餐费，我们这次晚餐也会这么丰盛的。游客听罢便不再作声了。类似的问题还有很多，如游客对住宿标准的质疑、对旅游活动的不满等，都是建立在旅游合同、旅游价格协商的基础上的，因此可以就此设定条件，但是千万不要用“一分钱一分货”来堵宾客的话。

4. 微笑回答法

这是一种笑而不语、以微笑替代声音的应答方式，适用于不必回应或不能急于回应的情况，只是用微笑表示听到了宾客的问题、用微笑表示对客人的尊重。多见于宾客情绪激动或宾客唠叨的情况。例如，某已结账宾客欲离店时随口一句：菜价不便宜。工作人员只要微笑即可，一方面，客人欲离店了，没有时间听你解释，另一方面，客人随口一说，也没有听解释的意思，何况菜价以成本为基，是否做出调整是一个系统问题。再如，宾客对工作人员一通抱怨，一时半会儿似乎抱怨不完，那么，像这种不适于打断对方的情况就应该沉默不语，视事态性质保持微笑或平静即可。

关于旅游服务中答复宾客的技巧不限于此，因为旅游服务场景会因时、因地、因人而异，旅游从业人员应该在实践中不断积累经验，通过揣摩游客的心理、游客的反映和自身语句构造与表达的细节，不断提升自身应变的能力，所以，旅游从业人员应该做一个有准备的人。

讨论

对客交往中，游客问：你们导游员确实蛮辛苦的，带一个团能挣多少钱？

作为导游你会如何作答？

第五节　科学提问的语言技巧

旅游服务的实践表明，旅游者的消费意愿并非都是清晰明了的，有的宾客能够主动、清楚地表明对旅游产品的意向，但绝大多数宾客的消费意向并不明确或犹豫不定，其中的原因可能是消费者的旅游动机不明确，也可能对旅游企业或旅游产品不清楚，还有可能因为宾客性格或群体消费决策的复杂性。但不管原因是什么，旅游服务的主动性要求从业人员有责任、有义务引导宾客做出符合意愿的决定，提问就可以发挥其重要作用了。因此，提问是旅游从业人员在对客服务的过程中围绕宾客需求展开的问话，这种问话有引导宾客选择、提醒宾客注意事项的作用。

一、提问的方式

对客服务中常见的提问方式有直接式提问、选择式提问、引导式提问、重复式、启发式提问。

1. 直接式提问

这是一种简洁明了的提问方式，因为涉及的问题明确，从业人员通过直接提问以得到宾客具体明确的回答。一般适用于问题简单、客人易于理解和接受的问题。例如，在餐饮预订中，宾客意向非常明确，就可以用直接型提问："请问您一共几位，需要多大的包间？请问您用餐时间是什么时候？大概几点到？需要提前点菜吗？请问联系方式？"宾客就此就可以给予具体明确的回答。

2. 选择式提问

这是种提供双向或多项选择的提问方式，宾客在消费过程中由于消费意向整体明确但具体不明确或旅游企业提供的产品类型多样，为了让宾客做出更满意的决策，可以通过选择型提问为宾客逐渐厘清、确认消费需求。例如，某客人来到旅行社门前左顾右盼又止步不前，前台接待就可以上前问一句："请问您是要参团旅游还是为家人报名旅游？"在客人给出回答后，前台接待就可以继续针对性地为其介绍符合个人意向或家庭成员意向的旅游线路。在旅游服务的过程中，选择型提问是用得最频繁的一种提问方式，它不仅体现出对客人的尊重，也是对宾客的引导，在各种旅游企业中都非常常见。又如，游客在列车上提出买水果时，常听列车员说"有香蕉、圣女果、冬枣、葡萄，分10元的、20元的，您要哪种？"

【练一练】

在旅游饭店中，直接式提问和选择式提问都用得非常频繁，请小组成员按照酒店部门设定情景，进行列举。

3. 引导式提问

引导式提问主要是指征询宾客某些意向，以期获得宾客明确的回答。例如，征求宾客上菜时间的提问："现在可以上菜吗？"无非就是获取一个可以或不可以的答案。再如，宾客投诉，经过一番沟通协调，宾客始终不认可酒店提出的解决方案，可以询问宾客"请问您的意见是？您还有什么问题尽管提出来"，这样的引导式提问有利于提高问题解决的效率。

4. 重复式提问

重复式提问是指旅游从业人员将先前提出的相关问题进行再次提问的一种方式，适用于从业人员与宾客进行信息确认，住宿登记信息、订餐信息、客房预订信息等。例如，宾客（共两人用餐）点菜时，服务生一般会问“请问您要品尝些什么？”客人点了一个凉菜、一个热菜、一个汤，点菜完毕后，服务生会再次说：您一共点了凉菜（附菜品名称）、热菜（附菜品名称）、汤品（附汤名称），是吗？服务生对宾客所点菜品提问核实，不仅体现出对宾客的尊重，也是避免服务差错的有效方式。

5. 启发式提问

启发式提问是指旅游从业人员为加强游客对某一问题的了解或强化宾客对服务产品的兴趣，通过启发性提问让游客参与其中，进而引人思考、引人共鸣的一种提问方式。可以通过问而不答、先虚后实等方法进行启示型提问。例如导游讲解中，希望引发游客思考或提请注意的典故、历史时，可以采发问的方式让游客讨论或发言，某导游员问：大家知道万里长城的西部终点是哪儿吗？部分比较活跃的、知识面广的游客就会回应道：嘉峪关。导游员接着说：这位游客说得非常对，进而详细讲解，如此一番互动不仅加深了游客的认知，也鼓励了游客的参与性。

二、提问的技巧

1. 语气亲切自然

旅游从业人员与客交往所要求的基本态度即亲切、自然，这种态度在很大程度上是通过语气体现的。旅游服务中的提问不同于一般社交的提问，那种攻击型的提问，如“你觉得呢？”“你为什么不早点说”“你可以自己先看一下旅游合同吗？”这种质问的语气最容易引发客我关系紧张。因此，旅游从业人员在提问时应切实注意自己的语气，避免造成服务态度不佳的误会。

2. 选择适当的时机

旅游从业人员对客提问一定是因时制宜的，选择宾客便于回答的间隙，以不打扰宾客的正常活动为基础。例如宾客谈话正欢时打断宾客，宾客起身敬酒时服务生问要不要换骨碟等，都能够引起客人极大的不满。

请大家看看以下案例，引以为戒：

某日，上海某川菜馆内，一切都如往常一样，有序地进行着。店外，一个男人带着两个小孩子迎面而来，服务员赶紧为他开了门，说了欢迎光临，并安排了座位，拿菜单给他点菜。在点了几个菜之后，男子发现没有点肉类，便问服务员他们这里的烤鱼是什么鱼，服务员说道：“黑鱼，48 一斤，先生如果你需要的话，我先让厨房给你称一下。”男子答应后，服务员便去往厨房让厨师称鱼，并将几斤几两告诉男子。“2 斤 5 两可以吗，先生？”看到先生在打电话，服务员并没有继续询问，并站在旁边等着；没过多久，就听见厨师大喊鱼要杀吗，见此，服务员又小声地询问了一下，“可以吗先生？”

男子还是没有作答，也没有给手势，这时吧台打单员又问鱼要吗，要的话就下单了。服务员又问了一句，男子直接将电话挂掉，并对服务员吼道："没看到我在打电话吗？急什么，又不是不要，真是的"，服务员赶紧道歉，连说对不起。

3. 适当的追问

旅游服务的工作压力往往较大，经常要在同一时空面对多个顾客，经常有多名顾客扎堆提出一系列的服务问题，因此，在服务高峰时，服务人员应接不暇的情况非常普遍。为避免服务差错、确保服务的万无一失，服务生应该勇于适当的追问，不要怕宾客不耐烦、更不要怕宾客指责自己记性不好，通过追问把不确定的或模糊不清的服务事项请求宾客再说一遍，这在应接不暇的服务中也是必要的。当然，追问要适当，是避免服务缺陷的一种弥补，而非服务作风的懈怠，所以不要频繁追问，如果时间允许，不妨记录下来一一解决，如果时间不允许，请求同事帮忙也不失一种方法。

4. 不问服务产品之外的问题

旅游从业人员对客提问也一定是因地制宜的，也就是所有的提问一定是围绕旅游产品、旅游服务、旅游环境进行的，不问与服务产品无关的问题，这是旅游从业人员的基本职业道德。因此，提问有忌讳：一忌直接问宾客隐私，包括年龄、职业、家庭状况、收入水平、文化水平等；二忌打探宾客隐私，如某些点菜员一再推荐贵菜，让宾客无法承受而又鄙夷宾客；三忌不着边际的问题，对客提问应本着服务高效、服务需求的原则，不着边际的问题不仅不会引来共鸣，还可能引来反感，如导游员问游客，玉皇大帝掌管天庭前是谁在掌管，你知道玉皇大帝的真名叫什么吗，像这类生僻的问题还是不问为妙。

第六节　有效解释的语言技巧

旅游服务中当工作人员面对宾客疑虑、困惑时做出的回应就是解释，这种解释可以源于宾客的问话，也可以源于旅游从业人员细致的观察，因此，从这个意义上而言，某些解释是应答的一种。

一、解释的意义

旅游从业人员之所以要对宾客做出解释，首先是由旅游服务的性质决定的，旅游从业人员与旅游者之间服务与被服务的关系决定了旅游服务必须是主动而周到的；其次，旅游服务的复杂性决定了旅游服务过程、旅游服务结果的非稳定性，因此，需要对未达预期的旅游服务做出说明；最后，旅游者置身旅游企业之外的角色使得旅游者并非都是行家里手，需要行业内人士来释疑解惑。因此，旅游服务中解释的意义有这样几点：

1. 澄清事实

旅游服务中，宾客对旅游人员、旅游企业产生误解的现象并不少见，旅游工作人员有必要做出解释、阐明真相，以消除导致的关系紧张；当不能及时做出解释时，宾客若由此发起旅游消费投诉也是对投诉事实本身的误解，因此更有必要澄清真相。2018 年 9 月 24 日是一年一度的中秋佳节，当然少不了月饼，某星级酒店按照活动方案给符合条件的宾客发放了月饼兑换券，兑换时间截至 24 号中午 12 点。由于今年销量较好，供销售的月饼在一周前已经销售完；提供客人兑换的月饼则摆在大厅销售台。一波又一波的客人前来询问月饼价格，服务员小张耐心地向客人解释，看着客人失望的表情，小张再次表示歉意。24 号下午，销售台及月饼全部撤柜，此时，值班经理接到了一位先生打来的电话，称自己没兑换到月饼，质问为什么不让他领。值班经理很遗憾地说月饼确实已经撤柜了，同时向客人详细说明了兑换券上的截止时间及兑换要求。这个规定使值班经理快速地回答客人、做出解释，不使自己处在被动状态。

2. 解答疑问

旅游服务中，宾客经常出现对服务不理解或有疑问的情况，如为什么还不上菜；到达某景区为什么导游员在景区门口做完讲解就让游客自行游览，而不是陪同游览、边游览边讲解呢？这些都需要旅游工作人员给予陈述或说明。又如，导游员带领游客游览泰山，为游客讲解了泰山区位、泰山作为五岳之首的荣誉以及自古至今的建筑和碑碣石刻，然后问游客，泰山为什么可以入选自然与文化的双重遗产？原来泰山是自然景观与人文景观融为一体的景区，由此，泰山被分为“幽、旷、秀、奥、妙”五大游览区，游客不禁问导游员，“幽、旷、秀、奥、妙”在哪里？导游需要具备相关知识来为游客答疑解惑。

【延伸阅读】

泰山的“幽、旷、秀、奥、妙”

东路为泰山“幽”区，从红门至南天门有 6293 级石阶，峰回路转，步移景换，为历代帝王登山封禅的御道，泰山的文物古迹多在此路左右。沿路主要有红门宫、万仙楼、斗母宫、经石峪、中天门、十八盘等胜景。至斗母宫稍向右手斜路步行，便是有名的经石峪。在面积一亩多的石坪上，刻着一千四百余年前北齐人所书佛教典籍《金刚经》部分经文，每字直径约半米，字为隶书，遒劲刚健，有很高的艺术价值。“十八盘”，为泰山著名险道，垂直高达 400 多米，共有 1600 多级石磴，直通南天门。十八盘是对登山者体力与意志的考验。奋攀此道，登上南天门，极目远望，天高地远，心旷神怡。

西路为泰山“旷”区，从天外村乘车至中天门，盘山公路九曲回肠。此区有黑龙潭、长寿桥、扇子崖，山环水绕，景色旷秀。

桃山源为泰山“秀”区，有翠屏山、笔架山、五峰叠翠山、彩带溪、一线天等，群峰竞秀，溪瀑争流，于泰山雄伟之外，独具江南山水风韵。后石坞为泰山“奥”区，景致清而幽。后石坞松涛为岱阴一绝，大、小天烛峰宛如两把长剑直刺青天，百丈瀑、天烛瀑飞流直下，声震十里。

泰山之“妙”在岱顶。登上南天门，漫步在天街玉栏石阶，就好像遨游天府仙界，飘飘欲仙，尽得大自然之奇妙。再经碧霞寺、大观峰，就到了泰山极顶——玉皇顶。在极顶，旭日东升的景象最为动人。每日凌晨总有不少游人遥望东方，一睹日出云海的胜景：东方渐成金黄色，一轮红日徐徐上升，刹那间，腾空而起，山巅云海间银波澎湃，大地苏醒了……

巍巍泰山是古老的，在旧石器时期泰山周围就有人类活动的踪迹；在新石器时期，泰山孕育了灿烂的大汶口文化和龙山文化。泰山又是常新的，20世纪80年代以来，泰山上相继架设了三条现代化游览索道，添置了直升机，登泰山更便利了，泰山先后举办过九次国际登山节；为维护文物古迹，六千余级石阶全部整修一新；“不夜山”工程使泰山夜晚平添光彩。新建起的融现代化旅游咨询与星级宾馆为一体的泰山旅游咨询中心、国际饭店，使泰山真正形成了食、住、行、游、购、娱等配套齐全的风景旅游区。如今泰山已成为世人游览的胜地。

3. 安抚情绪

旅游服务中也常见宾客突然情绪激动的情形，树立同理心，安抚宾客情绪，不仅是对宾客的尊重，也是服务人员富有爱心、责任的体现。例如，某日，上海某川菜馆突然迎来了二十几人，点了十几个大菜，制作程序复杂；正值用餐高峰期，厨房想先将这些大菜搞定，便先做这些菜。此时，大厅的小桌也都坐满了客人，也点了不少菜，厨房忙得不可开交。天气炎热，大厅温度没法短时间降下来，厨房出菜效率低，让原本焦躁的客人等得不耐烦，开始催促了起来。起先，服务员说道：“马上就来了，快了快了。”暂时安抚了焦躁的客人。过了一会儿，客人只见菜往包厢里端，自己的菜还不出来，开始你言我语，抱怨声越来越多，催菜频率越来越高，甚至部分客人说道：“再不上菜，我就不吃了。”店长见此情况，赶紧去厨房让厨师先给每个桌的客人做一个菜，可是客人越来越不耐烦，甚至破口大骂，场面一度不能控制。眼看客人马上要起身离开了，店长当即决定给每桌客人送两瓶啤酒和两个凉菜，先吃着，并答应客人所有菜品打9.5折，同时督促厨房赶紧炒菜，事情这才解决。

二、解释的方式

1. 由点到面

这是一种以小见大的解释方式，就是从问题的某一细小的方面切入逐渐扩大到问题的整体，进而推进解释的范围，层层递进，达到疑问本身之外的范围。因此，这种解释首先是开门见山的，效率高。例如，某宾客问可以订婚宴吗？有800元一桌的席面吗？接待员首先回答有（开门见山），然后拿出婚宴菜单，告诉宾客有700~1600元不等的席面，每一个席面除了菜品有区别之外，在赠送的酒水、饮料的数量与品牌均有不同，酒店除了订做宴席之外，还有司仪、场所布置等服务提供。经过一番介绍，不少宾客考虑到方便性和捆绑购买的优惠力度大，多半会产生更多的购买欲望。

2. 由面到点

这是一种以大见小的解释方式，即不从具体问题切入，而是用“迂回曲折”的方式先谈及和问题无关的话题再最后切入到具体问题，这种解释方式适用于摆事实、讲道理的情景，因其可能的谈话时间较长，解释人员要特别注意把握对方的耐心。例如，某导游员带团时发现团队中某个游客言行缺乏自我约束，不仅游览途中随地吐痰、乱扔垃圾，上车时也不遵循导游员关于集合时间和原座位不变的一再提示，致使这个团队的其他游客一路上郁郁寡欢，有种想说不能说的郁闷。第一次，导游员请被占座的游客坐到导游的位置上，被占座的游客感激导游员的做法默默地坐到了那个游客的座位，导游员心想，如果这样下去，整个团队肯定是玩不好的。于是，在下车后，导游员特意走到那个任性的游客身边和他聊起了家常，谈起了自己当初选择导游工作的初衷，谈了之前带团时某些游客不寻常的行为，最后肯定这个游客在工作上、生活上一定是一个顾及他人感受的人，是不是这次旅行过于自我放松（切入正题）。游客见导游员如此真诚且给足了自己面子，接下来的游览都遵循团规，团队游客的游览兴致也逐渐得到恢复。

3. 由此及彼

这是一种触类旁通的解释技巧，即游客对当前情况疑惑不解的时候，旅游工作人员通过类举、比喻的方式让游客明白要解释问题的要害。例如，某导游员按照旅游合同带领游客参观古玩市场，古玩市场名品多，且价格高低不等，车门打开前，导游员一再强调不要随手乱摸、不要随意问价讲价，有游客不解，不问价我怎么考虑要不要买，不让摸怎么知道质感？导游员没有过多解释，只说了一句：还记得江西大姐在瑞丽摔断30万元手镯且当场晕倒这事吗？游客的神经一下子紧了起来，纷纷自我警示一定要管住自己的手、管住自己的嘴。进了古玩市场，游客们不紧不慢地观赏，各式各样的玩物，着实让游客们大开眼界，游客不仅了解了原石、毛料的形态，更观察了玉器被雕琢的过程，整个自由活动非常顺利。

4. 不言自明

旅游服务中有时解释过多可能有推卸责任之嫌，或者无须解释，客我双方不言自明，只需一个改正的结果即可，这是一种没有解释却达到了解释效果的做法。例如2018年11月17日周六晚上，夜色已降临，某餐厅依旧只有稀疏的几个客人，这时常客麦先生到餐厅用餐，进入餐厅后习惯地坐在35号桌，慢慢地享用着一个人的晚餐。就在这时，经常与麦先生一起到餐厅用餐的黄总来到麦先生旁，在麦先生对面坐下，恰巧黄总所坐的位置背对着出口，也就是挡住了餐桌，两人边用餐边谈事情，迎宾员小于没有上前问客人是否加一位，习惯性地按两位用餐的人数录台了。麦先生结账时发现账单有问题，便拒签了，“我只有一个人吃饭，怎么算两个人的费用？”“非常抱歉，请你稍等，这边马上核实情况”，于是工作人员赶紧进入餐厅询问，得知黄总只吃了点水果。“非常抱歉，麦先生，这边帮您退掉一位。”“不好意思让您久等了，这是更正后的账单，请您核对后签名”，麦先生很友好地回答：“我不怪你，事情解决了就好”。该事件中的迎宾员，没有解释为什么出错，因为无须解释客我双方都意识到，只将结果告知宾客，便完成了服务工作。

三、解释的注意事项

1. 解释要真诚

旅游从业人员的解释多是针对问题进行的，有关旅游服务、旅游产品的解释一定要实事求是，以求通过真诚打动对方。

2. 解释要及时

旅游消费的过程是短暂的，消费与服务的同时性又导致旅游消费是复杂的，及时的解释有助于迅速消除隔阂，促进旅游服务的顺利进行。因此，解释应是围绕当时的消费环境进行，不拖延、不推脱，否则只会带来服务态度不佳的印象。

3. 解释要谦和

这涉及旅游从业人员的态度、语气问题，对客交往中，宾客情急之下经常出现语气加强、速度加快甚至咄咄逼人的情景。从职业道德的要求上，旅游从业人员就不能像宾客这般不顾职业形象，因此，谦和的语气是旅游工作人员素质的一种体现。谦和有理、热情有礼，切不可敷衍或懒于应付，也不要过于自信，像“我敢说……”“我觉得一定是这样的……”“你不知道……”这类话语非常不适合，像“我尽力！”“我一定会努力的！”“请允许给我一点时间考虑一下”这类谦和的话语较为合适。

【本章训练】

训练目的：进行不同的语言技巧的训练。

要求：

①每个同学独立创设情景并形成文本，将情景描述与角色定位方案提前交于教师。

②小组人数由情景创设人根据情景自行组合搭档。

③模拟中以创设情景为主线，搭档人可进行适当的突发状况设置。

【本章案例】

宾客坐哪儿

2018 年 8 月 11 日，星期六，沿海某星级酒店的餐厅在每个周末都忙碌不停，今天也不例外。中午 12 点左右许先生一家六位来餐厅用餐，没有预订。糟糕的是餐厅已经满位了，没有提前预订就不能马上安排座位。迎宾员小李对宾客说“很抱歉，餐厅现在已满位，由于您没有预订，暂时无法安排，请稍等一下”。客人听后焦躁起来，“究竟要等多久啊？”几分钟后，经理告诉迎宾员临时又加了几桌，可以安排客人入座。在客人进入餐厅后发现临时加的 47 号桌位置靠出口，便不愿意坐了，一直吵着要换位置，看着整个爆满的餐厅，就只有靠近出口的这两桌了，客人不愿意坐，一定要迎宾员调整出一个 6 人位，这时主管前来帮忙协调，迎宾员便去接待其他客人了。

这时，李先生一家六位也到餐厅用餐，也是没有预订。因为之前许先生一家不愿意坐 47 号桌，迎宾员小李便请李先生一家入座 47 号桌。这时，许先生着急了，吵着说 47 号桌是他们的位置，怎么就让别人坐了？

讨论与思考

1. 迎宾员小李对宾客说“很抱歉，餐厅已满位，由于您没有预订，所以暂时无法安排，请稍等一下”。是否不妥，你觉得如何说更好？

2. 案例中两家都要坐 47 号桌，迎宾员是否有工作不到位之处，你认为该如何协调呢？

第五章

酒店服务语言艺术

【学习目标】

掌握客房部常见问题处理方式与语言表达，能够应用规范而灵活的语言进行餐饮服务。

【重点内容】

酒店服务语言、酒店服务语言与服务操作的有机结合。

第一节　前厅部服务语言

一、前厅预订

预订是指客人在入住之前，寻求客房信息，与酒店达成入住意愿的一种约定。预订的过程包括询价、选择房型、入住人信息传达，因此，预订语言紧紧围绕宾客需求。预订人员的主动性、热情性直接影响宾客对酒店的“第一印象”，预订人员工作的效率与质量将影响饭店客源与市场。具体的预订语言因预订种类有所差异：

1. 临时性预订

您好！您将预订今日标准间一间，我们将为您保留房间到当天 18：00，如有特殊情况请及时与我们取得联系，谢谢！

2. 等候类预订

您好！很抱歉，客房已满，如果有空房，我们将为您保留您看如何？

如果宾客同意：您好，请问先生贵姓（女士贵姓），可以留下您的联系方式吗？

3. 确认类预订

× 先生，您好！您于 × 月 × 日预订我酒店客房，请问您会准时到达吗？是否需要延长预留时间？

4. 保证类预订

此预订要求预订员告知宾客预订担保权限与责任，并征求宾客担保方式。常用的服务语言有：您好，先生，为保障您的住房需求，建议您缴纳一定的款项作为预付定金。

请问您是付现还是刷卡？

您好，您已预订成功，欢迎您按时入住酒店。如果您因故不能按时抵达酒店，请务必来电取消预订，否则会从预订金中扣取 1 天房费。

【实训】

实训项目：登记预订

实训时间实训授课 1 学时，共计 45 分钟。其中示范讲解 15 分钟、学员操作 20 分钟、考核测试 10 分钟。实训目的使学生在实践中掌握电话预订基本操作实务实训方法。

（1）示范讲解或观看视频。

（2）学员分为 2 人 / 组，在实训室进行电话订房模拟训练，然后互换角色。

实训步骤与操作标准：

（1）接听电话：电话铃响 3 声内接听。

（2）问候客人：以礼貌用语报出部门名称及姓名，语调应诚恳热情，客人使用何种语言，尽可能用客人使用的语言回答。

（3）询问客人订房要求：询问客人预计抵达日期、预住天数、人数。

（4）询问客人姓名：

①询问客人姓名及英文拼写（中文要确认是哪一个字避免出现同音字，英文要确认准确的拼法）。

②复述确认。

（5）介绍房间：在电脑上查看房态；从高价向低价报房型、房间价格，注意报价范围合理；如果客人是合同单位，应报优惠价格。

（6）询问客人联系方式及付款方式：

①询问客人付款方式并在预订单上注明操作标准。

②留下客人联系方式，以方便日后联系。

（7）询问客人抵达方式及时间：询问客人抵达的方式及时间，是否需要接站或接机；向客人说明，如无明确抵达时间，房间只能保留到入住当天18：00。

（8）担保预订：如客人预抵时间超过18：00，要求客人做担保预订。

（9）询问客人特殊要求：

①询问客人有无特殊要求，如有，即详细记录。

②如客人的要求饭店确实不能代办，则以礼貌的语言婉拒或指引客人用另外的方式解决。

（10）复述预订内容以确认：预抵日期、所需客房种类、数量、房间价格、客人特殊要求、付款方式。

（11）完成预订：向客人致谢，记录存档。

二、入住登记

入住登记是前台人员为宾客办理入住登记手续并分配房间的过程，这个过程看似简单，但需要做好一定的准备工作，如了解房态，以便通知宾客是否可以马上入住或等待清洁；掌握宾客名单，包括预订了的即将抵达的宾客名单、预离店宾客名单、VIP宾客名单、黑名单等。

【延伸阅读】

饭店还有以下几种常见房态

①请勿打扰房（Do Not Disturb，DND）。不希望被打扰，在门口挂上“请勿打扰”牌或者打开“请勿打扰”指示灯的客房。

②预计退房（Expected Depature，ED）。预计在当天中午退房，但现在尚未退房的客房。

③外宿房（Sleep Out，SO）。已被租用，但是住客外出，未回饭店住宿的客房。

④双锁房（Double Lock，D/L）。住客为了不被打扰，在房间内将门反锁，服务员用普通钥匙无法打开房门的客房。对双锁房要定期查看。另外为了催缴客人拖欠的房费，或饭店发现客房内有大量贵重物品，或有特殊情况发生时，饭店也会双锁房门。

⑤无行李或少量行李住客房（No Baggage Room或Light Baggage Room）没有或仅有少量行李的客房。出现此种情况应注意客人有可能离店，但尚未结账。

常用的入住服务语言有：

您好，先生！请问您有预订吗？

请出示一下证件，谢谢！/可以出示一下您的证件吗，我为您查询一下！

请问您的预订电话是多少？

请问您订的是单人间 / 双人间 /……是吗？

您的预订信息是住一晚，是否需要更改？

很抱歉，先生！客房正在清洁中，要劳驾您等候片刻再进客房。我先为您办理入住手续，您看可以吗？待客房清洁完毕马上告知您。

【实训】

接待宾客入住登记

1. 了解入住登记的目的

（1）获得客人的个人资料，以方便为其提供服务。通过入住登记，可以得知客人姓名、家庭住址、出生日期、国籍、民族等相关信息。

（2）是饭店取得客源市场信息的重要渠道。入住登记中客人的性别、年龄、停留事由（旅游、商务、会议等）都是饭店客源市场的重要信息，对饭店经营非常重要。

（3）可以保障饭店及客人的生命、财产安全。通过入住登记，查验客人相关身份证件，可以有效预防安全事故的发生。

2. 入住登记实训

实训时间：实训授课 1 学时，共计 45 分钟。其中，示范讲解 15 分钟、学员操作 20 分钟、考核测试 10 分钟。

实训目的：使学生在实训中掌握入住登记的基本程序。

实训方法：

（1）示范讲解、观看视频。

（2）学员分为 2 人 / 组，在实训室进行已预订散客入住登记模拟训练，并互换角色。

实训步骤与操作标准：

（1）迎接客人：

①客人抵店表示欢迎。

②工作繁忙时，应向客人致歉，跟客人说“请稍等片刻”，并表示会尽快为其提供服务；如客人等候时间较长，应致歉并迅速办理手续。

（2）为客人办理入住手续：

①请客人在登记表上填写相关内容，确认付款方式并签字。

②核对客人证件。

③分配房间并再次确认房价和离店日期，把房卡和钥匙交给客人。

（3）提供其他帮助：

①在办理入住手续过程中，查看客人是否有留言、传真及电脑中注明的特殊要求及

说明。

②入住手续完毕后，将房卡交行李员带房；如不需要行李员帮助，则告知客人电梯的位置，并预祝客人住店愉快。

（4）信息储存：

①接待客人完毕后，立即将有关信息输入电脑。

②把包括房费、付款方式、旅游状况等相关资料记录在登记表上。

③检查信息的正确性并输入客人的客史档案中，以便随时查询。

三、礼宾服务

礼宾部员工是最先迎接和最后送走客人，并向客人宣传饭店、推销饭店产品的服务群体。礼宾部员工的礼貌、周到的服务语言往往能够为游客带来良好的第一印象。礼宾部员工应该熟练掌握礼貌语言、熟悉饭店服务设备与设施以便为宾客提供介绍或解答。常用的服务语言按照礼宾员工与宾客接触的时间与地点而具有针对性：

我是 ×× 酒店机场代表！

欢迎光临！

欢迎下榻 ×× 酒店！（为客人开车门）

欢迎光临！我是行李员 ××，可以帮您拿行李吗？

× 先生，您好！这是您的留言单，请查收！

您要代办 ×× 服务是吗，这边请。

【实训】

实训目的：使学生在实训中掌握门童服务的基本程序与基本服务用语。

实训方法：

（1）示范讲解、观看视频。

（2）学员分为 2 人／组，在实训室进行门童服务模拟训练，并互换角色。

实训步骤与操作标准：

（1）准备工作：

①了解当日即将抵店的重要客人和团队。

②了解当日饭店举行的大型活动。

（2）迎接客人：

①客人抵店时，向客人点头致意，表示欢迎，面带微笑地使用恰当的敬语欢迎前来的每一位客；并道声：欢迎光临。

②如客人乘车，应把车辆引领到适当的地方停车，以免门前交通阻塞。

③开车门时，要用左手拉开车门成70° 左右，右手挡在车门上沿，为客人护顶，防止客人碰伤头部（但对信仰佛教或伊斯兰教的客人不能护顶）；关车门时，也要小心，注意勿夹、碰客人。

④准确、及时地为客人拉开饭店正门（自动门、旋转门则不必），如果客人行李较多应帮助客人拿行李，在进入大厅前交给行李员。

⑤如遇雨天，应打伞为客人服务，并礼貌地请客人擦干鞋底后进入大厅，客人随身携带的雨伞也应锁在伞架上。

⑥团体客人抵店前，应做好迎接的准备工作；团队客车抵店时，应维持好交通秩序并迎接客人下车。客人全部下车后示意司机把车开走或停在饭店附近适合停车的地方。

（3）送别客人：

①客人离店时，主动热情地为客人叫车，并把车引导至合适的位置，等车停稳后，拉开车门，请客人上车、为客人护顶，并向客人道别，感谢客人的光临并预祝其旅途愉快，等客人坐稳后关上车门。

②客人如果有行李，应协助行李员将行李放好，并请客人核实。

③送别团队客时，应站在车门一侧，向客人点头致意，并注意客人的上车过程，如有行动不便的客人，帮助其上车。等人到齐后，示意司机开车，向客人挥手告别，目送客人离店。

四、电话服务

前厅部电话服务的范围有长途电话服务、短途电话服务、饭店内线电话服务、叫醒服务、代客留言与问询服务。这就要求电话人员不仅能够懂得基本的电话礼仪，还应熟悉业务范围中的基本常识。例如，长途区号、收费标准、酒店内各部门电话与联系人等。

常用的服务语言有：

您好！现在电话正占线，请您稍等！

您好！您需要叫醒服务是吗？请问您的房间号是多少？您的叫醒时间是早上5：00对吗？

请问您要找哪位宾客，请告知具体的房间号码和宾客姓名，以便为您转接！

马上为你转接电话，请您稍等！

客人来电话找不到受话人时，话务员应主动询问：是否需要留言？

您好！请允许我帮您转接到订餐部。

【实训】

电话转接服务

实训目的：使学生在实训中掌握电话转接服务的基本程序与服务语言。

实训方法：

（1）示范讲解、观看视频。

（2）学员分为2人/组，在实训室进行电话转接模拟训练，并互换角色。

实训步骤与操作标准：

（1）转接电话：

①清晰地问候；

②听清电话内容；

③判断分机是否正确；

④迅速、准确地转接。

（2）电话占线：

①遇到转接电话占线或线路繁忙时，话务员应请对方稍等，并使用音乐保留键，播放悦耳的音乐；

②及时向客人说明占线情况；

③请客人稍后再试或留言。

（3）电话无人接听：

①向客人说明情况；

②主动征询客人是否稍后再接或留言。

五、客人投诉处理

投诉是指宾客对饭店的服务、产品、人员态度或设施表示不满而提出的批评、抱怨或控告。由于宾客的多样性和差异性，不同宾客对同一服务的评价会有所不同，因此，投诉是无法避免的，关键是掌握投诉的处理程序与技巧，化解宾客与酒店之间的矛盾关系，促进宾客满意度。

处理投诉时应把握这样几个基本原则：一是帮助客人解决问题的真诚性原则。应以同理心理解宾客处境与心境，了解他们的真实需求，在酒店合理的规定下做出行之有效的处理方案，如果不在自己职权范围或能力范围之中，应及时转交上级。二是不打断、不争辩原则。宾客投诉经常有过激言行，作为工作人员应该保持理智，不在客人情急之下做解释，不当众人之面揭露事件原委，对客人表示同情的同时，还应感谢客人对酒店的建议。三是不损伤酒店利益与形象的原则。处理投诉时既要同情宾客，也要注意保全酒店正当利益和整体形象，不能一味讨好宾客或顺着宾客意图贬低他人或部门，如宾客抱怨菜油是地沟油，涉及酒店信誉、卫生安全的严正问题，应该有技巧地证明其身。

常见的服务用语举例：

先生，如果像您所说，星级酒店出现这样的情况真是太不应该了。

您先请坐，慢慢说！我一定认真倾听并做好记录！

请给我们一点时间了解一下。

是的。换作是我，这样的情况我也会投诉的。

您在此休息一下，我们马上调查给您一个满意的答复。

谢谢您为我们改进服务提出宝贵意见！

第二节 客房部服务语言

一、为特殊宾客服务用语

1. 残疾人服务

根据星级评定标准，四星级、五星级酒店要求能够为残疾人提供特殊服务，并且要求服务周到、态度好、效率高。常见的残疾客人有三种类型：一是腿部有残疾的宾客，二是盲人或视力不佳的客人，三是听力不佳的客人。

服务语言示例如下：

您好！请问我能为您做些什么？

您好，我可以陪您去餐厅 / 前台 /……吗？

2. 病人服务

宾客由于旅途劳顿或气候不适应等原因生病的情况也较为常见，员工在知晓宾客生病后应深表同情并给予科学帮助。

服务语言示例如下：

您好！需要为您叫医生吗？

您看是否需要去医院？

这是您要的姜糖水，请您趁热服下吧！

3. 醉客服务

对醉客的服务，既要耐心、周到，又要注意安全，包括客人的安全、酒店的财物安全和员工自身的安全。客房服务人员在为醉客服务时应做好以下 4 个方面的工作：

（1）及时发现醉酒客人。

（2）视客人醉酒程度予以适当的服务。

（3）注意客人及自身安全。

（4）做好记录。在服务员工作日报表上填写醉酒客人房号、客人状况及处理措施。

【同步案例】

客人醉了，玻璃碎了

2018 年 10 月 25 日凌晨 2 点，又是一个安静的夜晚，对于一般人来说，此时已经进入梦乡，而对于习惯晚睡的人而言，他们的夜生活才刚刚开始。在酒水吧一楼的出口处有四位喝得烂醉的客人准备离开酒店，突然砰的一声玻璃碎了一地，大家都还没反应过来是怎么回事时，客人已经穿过门框走了出去。保安赶到现场，发现玻璃碎了一地，醉酒客人还没走远便把客人叫住，没让他们离开。看着空旷的门框及破碎的玻璃片保安不知道该如何处理，也不知道是哪位客人将玻璃打碎，此时值班经理也赶到现场，看到客人已醉倒，没再多说，只问清房号后让保安和行李生将客人送到房间休息。等客人清醒后再商量赔偿事宜。值班经理叫楼层服务员放水到床头柜，退出房间后，又嘱咐楼层服务员要多关注客人的动态，有问题马上致电值班经理，然后到监控室查看监控，找出问题所在。

案例中，值班人员以最快的速度赶到现场防止醉酒的客人发生意外，并通知值班经理。在值班经理了解情况后，与行李生、保安一同将客人扶到房间休息，并嘱咐楼层服务员时刻关注客人状态，待客人清醒后再商讨赔偿事宜。即使在客人醉酒时酒店的服务也没有落下。

二、提供洗衣服务的语言

服务语言示例如下：

您好！您一共要清洗 # 件衣服，其中衬衣 # 件，裤子 # 条对吗？

您好，您这件白色上衣的胸口有一处黑色墨点，请您看看。不知道能否清洗干净，先在此做个备注，我们将尽力清洗。

您好！您的衬衫右袖的纽扣脱落了，需要我们帮您钉上吗？

您好！您的衣服已经洗好了，请问何时为您送到房间？

您好！这是为您清洗的衣服，有 # 件衬衣，# 条裤子，请您查收。

三、处理客人换房的服务语言

服务语言示例如下：

请问您对房间有什么不满意的吗，我们尽力为您解决。

很抱歉，现在客房全满，暂时无法为您换房，请您见谅！

我们已与前厅接待处联系，一有空房便马上给您换房，您看可以吗？

四、进入客房的服务语言

服务语言示例如下：

您好！客房服务部！这是您要的 ××/……

您好！客房服务部，需要清洁卫生吗？（上述语言应配合敲门、开门礼仪）

您好！请问先生贵姓，您的房间号码是多少，我帮您联系前台后就马上为您开门。

第三节　餐饮部服务语言

一、电话订餐

1. 问候客人

（1）电话铃响三声之内接听电话。

（2）预订员主动向客人问好，并准确报出餐厅名称及自己的姓名。

例如：您好！ ×× 餐厅。我是服务员（预订员）××。

（3）及时表示愿意为客人提供服务。

例如："有什么事情需要帮忙？（很高兴为您服务！）"

2. 了解需求

（1）对报出姓名的客人，预订员应称呼其姓氏。

例如，"欢迎您，王小姐！"以示对客人的尊重。

（2）仔细聆听客人介绍，了解客人的身份、用餐时间、宴请对象、人数、台数及其他要求。

（3）征得客人同意后为其安排相应包房或餐台，并告知客人包房房号或餐台台号。

（4）大型宴会预订，要请客人面谈。

3. 接受预订

（1）预订员复述预订的内容，并请客人确认：您将于 × 月 × 日前来用餐，用餐人数为 #，# 桌，每桌标准是 # 人，共点了 # 道菜，分别是……（报菜名、核对菜单）

（2）请客人留下电话、姓名：请问联系人是……联系方式是……

（3）告知客人所订餐位的最后保留期限，餐位将保留至当天 # 点，请您用餐前一天再与我们联系确认。

（4）预订员向客人致谢并道别：谢谢您对我们酒店的信任，我们期待您的光临。如有任何要求欢迎联系我们。

二、餐厅现场点菜

客人在餐厅点菜时，服务员应及时应答，清楚回答客人对于菜单、菜品的疑问。待客人点完菜后，服务员一定要记得与客人确认点菜结果，清楚地重复一遍客人所点菜肴内容，以免造成误解，引起客人的不满。待客人确认后说："谢谢，请您稍等。"复述完毕，再次确认一遍，在订单的右上角注明订单的时间，以便查询，然后收回菜单并向客人致谢，同时请客人稍等，说明大致的等候时间。

【同步案例】

我们没点这道菜

王先生一家人到某餐厅聚餐。落座后，服务员小李拿来了菜单。

"先生，请您点菜。"

"你们点！"王先生对太太和孩子们说。

"爸爸，爸爸，我点！"7岁的女儿喊道。"我也点！我也点！"5岁的儿子也不甘示弱。

"别着急！不许喊！"妈妈对两个孩子说，"今天爸爸请客，你们都有份！"

"来个'百合鱼米''蟹黄豆腐''黑椒牛扒'……"王太太说道。

"妈妈，我要这个！""我要这个！"两个孩子指着菜单上的图片又嚷嚷起来。小李看了一眼，顺手记了下来。

"好，就这些吧！麻烦你快点上！"王太太对小李说。

不一会儿，菜一道道地端了上来。"咦！不对呀！服务员，你过来一下！"王太太指着桌上一道菜，叫住了刚要转身离开的服务员，"我们没点这道菜！"

服务员对了一下点菜单，说："没错呀！点菜单上写着有这道菜！"

"可我确实没点呀！"王太太强调说。看到这一幕，值班经理连忙走过来。了解了事情的原委，经理叫来了小李。经过询问得知，原来是小李把两个孩子指的菜也写了下来，而且在点完菜后忘了向客人复述所点的菜。"你再跟王太太确认一下，看看还有没有其他问题！"经理对小李说，然后又对王太太说："王太太，实在对不起！给您添麻烦了，这道菜就算是我们赠您的，希望您谅解！也希望您能再次光临！"

三、上菜服务用语

上菜工作是餐饮部每天对客服务的重要一环，直接影响酒店服务质量，因此要求基层管理者和服务员都要熟练控制上菜位置、摆盘方式和顺序，能合理安排上菜时间、控制上菜节奏，让客人吃得舒心、开心。

服务语言示例如下：

您好！可以上菜了吗？ /请问何时上菜？

各位好！现在给大家上凉菜，分别是……（菜名）请大家品尝。（菜点摆在转盘上要求做到：荤素搭配，疏密得当，餐具高低有致，颜色搭配巧妙；所有冷菜的点缀花垂直冲向转盘边缘，有造型的冷盘，将花型正对主人和主宾，给人以美观舒服感觉。）

先生/小姐/女士，请用毛巾。（上热毛巾时的服务用语；待客人入席后提供小毛巾，从客人右边送上毛巾盘）

您好，打扰一下，上菜了。（固定上菜口，每次上次都应该提醒注意；上撤菜不要越客人头顶）

这是 ×× 菜，该菜特色是……请大家品尝。（上每道菜时都要报菜名，视情况作适当介绍；先上调味品，再将菜端上；每上一道新菜都要转向主宾前面，以示尊重。需要分菜的菜品应向宾客展示后再分）

您好！给您斟酒！（把握好时机，宾客正在互相敬酒时，应稍微停一会儿；宾客敬酒礼毕应及时斟酒，以主人、主宾为先）

【同步案例】

老王正在宴请远道而来的老朋友小李一行。服务员小陈热心地向老王推荐应时的大闸蟹。当大闸蟹上桌时，小陈又热情地向小李等人介绍本地大闸蟹的特色，在座的客人们非常满意小陈的服务。

在客人们津津有味地品尝大闸蟹时，小陈走近小李说："对不起，先生，给您换一下骨碟好吗？"小陈发现餐碟中还有半只螃蟹时，便提醒小李："先生，有半只螃蟹呢。"小李又连忙拿起半只螃蟹，样子很狼狈。当王、李酒酣后正凑在一起说着话时，小陈过来说："对不起，打扰一下，本店特色菜'焖三丝'。"小李和老王不约而同地向两边闪，小陈麻利地上了菜，两人又开干了一杯，然后又凑在一起说话。小陈又不失时机地上前说："对不起，先生，给您倒酒。"此时的老王大怒吼道："没看到我们正说着话吗？"小陈一脸茫然，不知该怎么办才好。

故事中小陈的错误在于：换骨碟时其服务没有给客人带来舒适感和享受感，反而令客人感到麻烦和难堪；上菜和斟酒时没有掌握好时机，当客人正在讲话或正在互相敬酒时，应稍微停一会儿，等客人讲完话后再上，不要打扰客人的进餐气氛。

在上菜过程中如有新菜需上而转盘无空间时，应巡视台面情况，征询客人意见后做出判断。例如，菜点剩得较少时可否换成小盘；同类菜品可否合盘；所剩无几的菜可否撤掉；菜凉了是否需要加热，必要时征求宾客意见。

——有新菜、特色菜、高档菜上桌时，可以适当在语言中体现“新菜”“特色菜”或“名贵菜品”，应用礼貌用语，提醒客人重点品尝。

——上菜要注意核对台号、品名，与菜单一致后再操作，避免上错菜；上菜的过程中要不推、不拉、不擦、不压盘子，随时撤去空菜盘，保持餐桌清洁、美观。

——菜上齐后应用礼貌用语，“您的菜已经上齐了”，并适时地进行再次推销。

比如说，“今天有皮蛋瘦肉粥和鲜野菜饺子，还有其他小吃，您还需点儿什么？”

——凡是带骨或刺的菜肴，要适时撤换客人面前盛放残肴骨皮的骨碟，换上清洁的骨碟，（您好！给您换一下骨碟！）并及时换上干净的小毛巾。既要保持客人桌前的清洁，又不打扰宾客，还要兼顾斟酒、倒茶等其他服务事项，这对餐饮服务人员提出了极高的要求。

为客人上洗手盅时，更应特别提醒，避免客人误饮。“洗手盅，请洗手。”

【同步案例】

一五星级酒店，来了六位客人。这几个客人，看来就想开荤食的，一下子要了六只皇帝蟹。上完皇帝蟹后，服务员小李端上带柠檬的洗手盅，光顾着上盅了，结果被客人接过去一饮而尽，还咂舌说：味道儿不错。这下子小李傻眼了，要现在说是洗手盅吧，客人脸上挂不住；不说吧，不符合五星级服务标准。手上有油腥味儿，没法品尝后边的美食。怎么办呢？报告领班，领班没法儿；报告主管，主管没招儿；最后还是经理有办法，洗手盅里是柠檬水，符合饮食标准，客人喝了没有问题。重新换一个样式的盅，改用加玫瑰花瓣，上桌前，先给客人说：“刚吃完皇帝蟹，请您洗手。”这样既保住了客人的面子，也让客人洗了手，解了油腥。

【本章习题】

请谈谈酒店服务语言的规范化与个性化。

【本章案例】

“您出去呀”惹怒了客人

这是一家酒店客房服务台。一位女服务员正在值台服务。这时，一位美国小姐从她的房间走出来，服务员一见，就用中文问了一句：“小姐，您好！您出去呀？”这位美国小姐略通中文：她说：“你说的‘小姐。您好’我懂。那‘您出去呀’是什么意思？”

这位服务员解释道："我们平时见到朋友，习惯问'你出去呀，你去公园，你去工作呀等'。"这位小姐只听懂了几个词"出去、公园、工作"，其他就不懂了，立即翻了脸，说服务员侮辱她。服务员反复解释，由于语言不通，越解释客人越恼怒。该小姐一气之下找到总经理投诉，说服务员侮辱她的人格。说她是去公园工作的妓女，要求饭店做出解释。总经理出面了解事情真相，并代表酒店向客人道了歉。

"请慢走"得罪了客人

服务员对要外出的客人说"请慢走"，没想到客人立即回敬她："小姐，你不是存心让我迟到吗？我赶着去开会，你请我慢走到什么时候？"弄得这位服务员很尴尬。

讨论与思考

1. 服务人员为什么招来顾客投诉或抱怨？
2. 如何正确使用服务礼貌用语？

【本章实训】

投诉处理

一、实训目的与要求

本项目重点训练妥善处理游客投诉的常用技巧和方法。特别强调处理游客投诉的效率与态度，通过本项目的训练，了解和掌握处理游客投诉的基本程序、常用技巧与方法并达到如下标准：

熟悉和掌握进行投诉处理的基本步骤；

运用语言、动作、服务技巧迅速使情绪激动的游客冷静下来；

能够快速抓住有效信息，掌握问题的重点，了解游客的真正需求，分析导致游客投诉的根本原因；

能够与相关部门进行有效沟通；

能够综合考虑自身权限、企业利益、游客利益，及时提出合理性的处理建议；

能够自我评估投诉处理结果。

二、实训相关知识

1. 对游客投诉的正确认识

投诉是顾客对企业信任的象征，没有顾客投诉并不一定就说明我们的工作做得不错。失去一位顾客对其而言也是很大的损失，而吸引到一位新的顾客也没有想象中的那么容易。只要我们平息了顾客的投诉，即使他们近段时间不会再光顾，但是过段时间还是有光顾的可能，所以一定要处理好顾客的投诉。同时应该认识到投诉的顾客不是制造事非，因为没有人愿意自找麻烦，顾客是在自己的权益受到损害的情况下，不得已才进行投诉的。一般而言，顾客进行投诉的深层次心理原因主要有三大类：求尊重的心理、求平衡的心理和求补偿的心理。

2. 游客投诉的主要原因

主观原因：对服务态度的投诉，对服务工作的投诉。

客观原因：对设备设施的投诉，对异常事件的投诉。

3. 游客投诉处理的基本程序

（1）认真聆听。

（2）充分道歉。

（3）问出相关信息。

（4）提出解决方法。

（5）征求游客意见。

（6）对批评指正表示感谢。

（7）跟踪服务。

4. 游客投诉的类型及处理关键

从顾客心理来看投诉，可以把投诉分为三类：

一是挑剔型顾客的投诉，解决的关键是态度上重视并积极改进存在的问题；

二是谈判型顾客的索赔投诉，解决的关键是不拖延、不推诿，要建立合理的赔偿制度；

三是宣泄型顾客的抱怨投诉，解决这类问题的关键是要有耐心、爱心，给予顾客足够的关心以化解顾客所有的不满。

三、实训内容与步骤

1. 实训场景设计

五一黄金周，某景区餐馆内午饭时分，团队非常多，餐厅的服务员都非常忙碌，往往一桌客人还没吃完，那一桌客人就已经到了，很多人在等待。这时进来一位中年男性，非常疲惫，坐在还没有收拾的餐桌旁，等了一会儿还是没有人来收拾他眼前的杯盘，便非常愤怒地敲起了桌子，大声嚷着要投诉。他的行为，引起了旁边等候游客的共鸣，一群人高声喊着要投诉，其中一人，打了投诉电话。

2. 组建情景表演小组

建议小组成员 4~6 人，由小组成员自行推举同学，分别扮演投诉的游客、周围其他游客、餐厅服务人员以及餐厅大堂经理，探讨案例的细节和希望达成的结果，之后进行表演，确保表演得到位和逼真。

3. 情景模拟

（1）平息游客情绪。当游客大声说要投诉时，服务人员应在第一时间出现，设身处地为游客着想，在短时间内运用恰当的语言动作，先平息游客激动的情绪。

（2）及时了解事件。通过与游客的恰当沟通，提取有效信息，迅速了解事件的过程，判断事件真相。

（3）初步分析投诉原因和自己的处理能力，在大致清楚事情的过程，分析游客投诉的原因之后，迅速对有关的投诉是否属于有效投诉、是否一个人能够妥善处理做出明确判断。

（4）超越自己处理权限的，应及时安抚游客并马上与上级沟通。在确定造成游客投诉的原因确实是餐厅方面的问题，且妥善处理将会超越自身权限与职责范围后，马上与相关领导沟通，在游客可以接受的短时间内，向相关上级反映清楚事件的整个过程。

（5）提出建设性建议，妥善处理投诉。必要时，积极配合相关部门提出建设性的投诉处理方案和建议，妥善处理游客投诉。

4. 自我评估处理结果

回忆并总结投诉处理过程及方案，进而进行自我评估。

四、评价考核标准

依据以下考核表进行考核

评价项目 / 权重分值 \ 完成情况		完成	基本完成	未完成
快速使游客冷静下来	10	10	6	<6
迅速清楚事情经过	10	10	6	<6
迅速了解投诉原因	15	15	9	<9
提出有效解决方案	20	20	12	<12
灵活的沟通能力	20	20	6	<6
观察细致	10	10	12	<12
自我心理调节能力强	15	15	9	<9
总分				

第六章

导游服务语言艺术

【学习目标】

了解导游服务语言的范畴，理解导游服务语言的功能，了解旅游服务语言的特点、旅游服务语言的风格，掌握导游服务语言的运用原则与技巧。

【重点内容】

导游词或讲解词的写作或改编，旅游服务语言风格的培养，导游服务语言的运用原则与技巧。

第一节　导游服务语言的功能

【课堂导入】

1. 请团队朋友们跟我去渔家山庄用餐，用餐结束后山庄正门前上车集合。（这是否属于导游语言？）

2. 导游人员带游客走到明月山景区的云姑沐月景点时，手指雕塑说，这是依据南宋孝宗皇后被选入宫前的村姑形象雕塑而成。本名夏云姑（1133—1167 年），明月山夏家坊人，小名明月，天生娇美，善良聪慧。南宋绍兴十九年（1149 年）初选入宫被宋高宗皇后看中，选作贴身侍女，后由皇后做主许配给皇太子赵昚（shen），封为齐安郡夫人，隆兴元年（1163年），宋孝宗赵昚继位，夏云姑被封为贤妃，隆兴二年被册封为成恭皇后。为纪念明月皇后，当地人将云姑出生地旁的大山称为明月山。《云姑沐月》再现了当年亭亭玉立的云姑，她正面向大山，张开双臂，正沐浴着似水如银的月光，享受着和煦晚风的爱抚，放飞心中的遐想。

这个手势是否属于导游语言？请学生讨论。

一、导游服务语言内涵

导游员是指带领游客游览、为游客提供导览服务并取得了导游资格证书、有正式旅游公司挂靠的工作人员。广义上说，导游人员在工作中所有与客交往的语言都可以称为导游语言，因此，广义的导游服务语言包含旅游活动中食、住、行、游、购、娱的内容，狭义的导游服务语言即导游讲解语言。导游人员之所以被称为移动的百科全书，就在于其对景观景物历史文化的了解，能够为游客提供深刻的见解。因此，狭义的导游语言是导游服务语言的核心，其讲解的条理性、生动性、科学性是影响游客旅游体验的关键。因此，本章的核心即导游讲解语言技巧，导游员其他方面的服务语言遵照旅游服务语言即可。

二、导游服务语言的功能

导游员是旅游业中的一线接待人员，在与游客的交往中宣传、介绍、销售旅游产品，为宾客实现旅游消费体验提供支持与帮助。导游语言在旅游服务中不仅是沟通导游员与游客之间的媒介，更是帮助游客在旅游活动中获得精神享受。因为导游语言是导游交际的工具，在旅游活动中发挥重要的沟通作用，如果没有导游语言这一媒介，导游工作就无法正常开展。导游掌握语言知识的深浅、驾驭语言能力的高低直接影响导游服务效果的好坏。导游语言是一门艺术，它不仅要求导游人员准确、清晰地讲解，还要求导游人员善用语言技巧来突出和渲染气氛、增强效果，充分调动游客的积极性，激发其兴趣。因此，导游语言的功能有：

1. 激发游客旅游兴致

旅游是异地的社会活动，是游客在求新、求奇、求知的心理催动下引发的一种人口流动。游客的人口特征各异，他们有不同的职业、年龄、性别、性格、宗教信仰和文化程度，旅游偏好与冒险程度，敏感程度与心理预期都各不相同。作为处于旅游接待中心的导游人员要面对这些不同的游客，是对其智慧品质的考验。如何让团队游客融洽相处，如何使游客对旅游行程充满激情，如何让游客听得饶有兴致并听有所长，都需要导游人员发挥语言艺术的作用，让语言成为导游服务的润滑剂。

【同步案例】

导游人员的机智对答

某导游在为八位日本游客讲解，从“八仙泉”讲到了“八仙过海”，这时有位游客问道：“八仙过海最后飘到哪儿去了？”这似乎是一个难题。导游看着眼前的八位日本游客，幽默地答道：“我想，为发展中日两国人民的友谊和交往，八仙过海东渡到邻邦日本去了吧！”导游的回答巧妙就巧妙在把眼前的情景、巧合的数字（八仙过海、八位日本客人）顺着客人的问话和中日两国人民的友谊自然地连了起来，使回答既得体又意味深长。

资料来源：陈永发．导游学概论［M］．上海：上海三联书店，1999：178.

旅游者的旅游动机多种多样，有的为放松身心，有的为陶冶情操，有的为亲近自然，有的为增长见识，还有商务、探亲、探险、亲子等，这就需要导游员在安排游客行程时不仅要紧凑，更要达到游客此次出行的目的。例如，森林漫步、田野拾趣、爬山泡泉都可以达到放松身心的目的，但游客对哪项更情有独钟呢？丰富多样的旅游行程中每类活动事项的占用时间也往往不同，导游员在带团活动中，不仅要让宾客感觉合理，更应该在宾客不理解的情景下给予说服性的解释。再以增长知识为例，文化程度较低的游客看到故宫的宏伟壮观、听到游客讲解居住皇帝的数量、各宫殿曾经的功能就觉得很满足了；但对有一定建筑学知识、历史学知识的游客而言，仅谈故宫的外观、故宫的年代是远远不够的，因此，导游人员的服务语言需要根据游客的背景，做出深入浅出、形象生动的讲解，进而激发不同游客的旅游兴致。当然旅游兴致能否激发除了导游员视对象而定外，还在于掌握和熟练运用导游讲解的技巧，在后面章节中讲述，此处不再赘述。

2. 增进导游与游客的关系

导游员与宾客相遇的第一次，其本质是陌生人的相见，因为旅游服务合同这个纽带，将互不认识的人连接在一起；又因为服务合同的存在，将导游员与宾客定位于服务与被服务的社会角色。所以，初次见面的旅游接待决定了导游员应该早于宾客之前、应该开口于宾客之前，这是影响导游员能否为宾客带来良好第一印象的关键。某旅游团乘机抵达香港，在机场等了半个小时才等到导游员，导游员借口说因为自己身体欠佳、出门时一直拉肚子，所以才来晚了，也没有做更多的自我介绍，团队游客看到导游员神采奕奕的样子心生疑问，但是也没有多说什么。第二天，导游员安排旅游大巴将游客送至计划中的海洋公园，并告知宾客下午 5 点钟会带车在公园后门接。游客下车往公园里走，刚一进公园，导游员就撤了。临近下午 5 点，游客都按时来到了指定的集合地点，但是等了半个多小时导游员与旅游车才抵达，这时导游员又说因为堵车，所以来晚了。但在返程的路上，团队游客看到路上车辆畅通无阻，再加上第一天接团迟到的情形，团队游客再也忍不住了，纷纷质问导游员是不是在说谎，为什么每次都迟到还要忽悠大家。在宾客唇枪舌剑的攻势下，导游员终于低头认错，并承诺升级用餐标准和增加游玩景区才平息了宾客的怒火。由此可见，言行一致的导游服务和情感化的导游语言能够增进导游与游客的情感关系，否则将导致关系破裂，致使工作无法开展。

在导游服务的过程中，贯穿食、住、行、游、购、娱的导游服务语言是进一步树立导游人员形象，影响导游与游客感情关系的核心。游客检验旅游合同的执行情况、评价旅游体验的效果、感知旅游服务质量高低的关键就在于食、住、行、游、购、娱的消费过程中，游客能够通过导游员是否尽心看到导游员的责任感，能够通过导游员的讲解的多寡看到其服务的主动性，更能够通过导游员全程的言行评判其热情服务的真实性。

在送别阶段，艺术性、情感性的导游语言能够强化导游员良好形象并化解旅游过程中的遗憾或不足。有经验的导游员往往在送别阶段既表露出离别的不舍，又包含谦虚的或诚恳的自我批评，同时期许下次再见的真诚意愿，达到让游客动容的效果。

【同步案例】

声情并茂的离别

桂林的一姓冯导游是这样向游客告别的："亲爱的朋友们，经过几天的相处，我们终于从新'狗肉'（'朋友'在桂林方言中称'狗肉'）变为老'狗肉'，而我们又要分离，每逢这个时刻我都特别难过，大家将要扔下冯导一人，离去……"导游员声情并茂的一番话，使游客的依依惜别之情更浓更深，给游客留下了深深的印象。

事后一游客对全陪说："在那样近黎明的雨夜，一个女孩子这样跟大家告别，真的让人感到很不舍，旅游中的曾有的一点不快早已灰飞烟灭。"这是一个业务素质非常好的导游，她把语言艺术和游客的心理把握得淋漓尽致。

资料来源：何玉荣．浅析导游语言艺术美［J］．黄山高等专科学校学报，2002，04（03）：78-80.

语言是一种传播工具，一个人语言水平的高低有时候是在长期的接触中才能够了解，但不得不说，实践证明，语言水平的高低是人软实力的重要指标。服务的无形性使得导游人员的语言素养成为一个导游素质的重要表现，有句话说得好，"调动游客两条腿，全凭导游一张嘴"，因此，导游员须提高自己的语言艺术水平，提高自身素质。

我国是人类文明的发祥地之一，不仅幅员辽阔、地大物博，而且具有悠久的历史和灿烂的文化，更有举不胜举的名胜古迹。如果没有导游人员知识性、艺术性的语言传递，游客就不可能真正了解这些珍贵旅游资源的重要价值。通过导游人员的介绍，可以帮助游客认识一个国家（或地区）和其民族的历史文化、传统风俗、生活方式和现代文明，进而了解当地的精神面貌、价值观念和道德水准，使游客对游览地的社会文化和精神风貌有切身体验，获得在旅游目的地的一次难忘经历和美好的回忆。当然，导游员的语言必须以渊博的知识作为基础，这样才能做到言之有物，才能向游客提供最新的信息、最好的服务，以满足游客日益增长的求新、求知、求美的旅游需求。为此，导游员应该不断锤炼自己的语言。

第二节　导游服务语言的特点与风格

一、导游服务语言的特点

1. 互动性

导游服务语言是导游员上岗的工作语言，其解说服务的对象是游客，这就决定了导游服务语言不是自言自语的话语，更不是一言堂，而是在与宾客一讲一听的互动中完成旅游服务的，因此，导游服务语言的互动性是其重要特点，这是由语言的服务性决定的。由于口语传播的同时性与户外环境的复杂性，以及宾客个体的差异性，对不同的游客而言，导游服务语言的传播效率存在差异。有的游客接收不到导游语言或接收到了理解不到位，这就要求导游在从业过程中，应该鼓励游客与其互动；同时，应该加强导游员主动与宾客互动的意识。例如，有的导游员让游客遇到自己讲解不清楚的地方，多与自己沟通；导游员也可以有意识地主动询问游客“大家听得到吗？”“有什么疑问吗？”或其他提醒注意的方式。

2. 现场性

导游语言的现场性是指导游语言的内容关乎眼前的景物、设施，导游人员总是与宾客处于某个场景中，其交谈的重点应该符合场景的气氛、合乎现场的特性。例如，导游员一般会在景区大门前或大门内的景区游览全图前为游客讲解景区概况。而分散于景区的各个景点则依据线路游览的先后顺序走到哪儿讲到哪儿，讲到哪儿指到哪儿。在景区游览到最后时为宾客做一个简短的总结，这些讲解内容都与场景紧密联系。可见，导游语言的现场性特点决定了导游人员的服务内容应该有章可循，讲解按顺序、层次依次展开，切不该在不合时宜的场合讲不相关的话题。例如，某导游员在团队游客用晚餐的时候拿着高音喇叭大声告知宾客第二天的行程安排和注意事项，宾客怨声载道：“能不能吃完饭再说？！”

3. 生动性

导游服务语言的感染力就在于导游员进行景区景点讲解时将静态之物描绘得栩栩如生、将历史之物描述出沧桑之感、将感知之物描写得情真意切，将游客带入画面之中，让游客身心沉浸于游览的景区中去，这就是导游服务语言生动性的体现。生动的导游服务语言不仅体现在导游人员的语音、语调和语气上，也体现在措辞的选择与使用、语句的构造上，因此，生动性不仅考验导游员的情感投入，也是考验其观察事物、运用知识和遣词造句能力。一个优秀的导游员绝不是搬运一个导游词范文，把景区讲解完那么简单，导游词范文可以为从业人员提供有关景区的概况、景点及其顺序的参考，在此基础上，导游员进行有选择、有计划的讲解安排和导游词再创造，以达到导游词不断升华的目的。

二、导游服务语言的风格

导游服务语言风格往往与导游人员的性格气质相联系，以顾客为中心的服务原则又要求导游员在讲解时能够依据服务对象的性格气质进行适当调整，这就是导游服务语言的难点。希望每一个导游从业人员能够形成自己的语言特点，讲出风格，讲得出彩。根据唐由庆、夏林根（2003）两位学者的研究与总结，导游服务语言风格主要有三种类型：

一是平实稳健型，这种风格的突出特点是平实、随和、亲切、自然，几乎不会有形容词，也几乎不用修辞手法，但句型结构简单、表意清晰，不是枯燥无味。

二是热情奔放型，这种风格的特点是简洁明快，朗朗上口，条理清晰，流畅奔放，主客之间有一定的互动，充满活泼与激情。以下是明月山景区的一段讲解词："您将体验到的是 60 里山路弯弯，如入仙境；60 里花果飘香，让人陶醉；60 里山月相融，美景如画；60 里人月相邀，情趣盎然。明月山迷人的自然风光、罕见的富硒温泉、神秘的禅宗文化、闲趣的农耕文化，定会让您流连忘返。"用了排比句，流畅奔放。

三是风趣幽默型，这种风格的特点是：机智活泼，妙趣横生，既使人发笑，又意在言外，引人深思，它以滑稽、诙谐、搞笑的语言形式反映客观事物，表达思想和情感内涵，蕴藏着一种乐观向上的精神力量。

【同步案例】

各位朋友：

大家好！

有一首歌曲叫《常回家看看》，有一种渴望叫常出去转转，说白了就是旅游。

在城里待久了，天天听噪声，吸尾气，忙家务，搞工作，每日里柴米油盐，吃喝拉撒，真可以说操碎了心，磨破了嘴，身板差点没累毁呀！（众人笑）所以我们应该经常出去旅游旅游，转一转比较大的城市，去趟铁岭都值呀，到青山绿水中陶冶情操，到历史名城去开阔眼界。人生最重要的是什么，不是金钱，不是权力，我个人认为是健康快乐！大家同意吗？（众人会意）

出去旅游，一定要找旅行社，跟旅行社出门方便快捷，经济实惠呀。但找一个好的旅行社，不如碰到一个好导游，一个好导游能给您带来一次开心快乐的旅行。大家同意吧！

但找一个好导游，不如找一个女导游，在青山绿水之中，还有一位红颜知己相伴，那种感觉何其美妙呀！大家同意吧！（众人笑）

但找一个女导游，不如找一个男导游，男导游身强力壮，不但能给您导游，而且还是半个保镖，碰到紧急情况，咱背起来就走人了。

找一个男导游，不如找一个多才多艺的男导游；找一个多才多艺的男导游，不如找一个多才多艺、能歌善舞的男导游；找一个多才多艺、能歌善舞的男导游，不如找一个多才多艺、能歌善舞、能说会道的男导游；找一个多才多艺、能歌善舞、能说会道的男导游，不如找一个多才多艺、能歌善舞、能说会道、玉树临风的男导游；找一个多才多艺、能歌善舞、能说会道、玉树临风的男导游，不如找一个多才多艺、能歌善舞、能说会道、玉树临风、潇洒漂亮的男导游！

各位知道中国现在有多少个导游吗，我告诉大家，中国现在有35万导游。但这35万导游中，有25万女导游，只有10万男导游。这10万男导游中，能称得上多才多艺的男导游只有1万人。这1万多才多艺的男导游中，能称得上多才多艺、能歌善舞的男导游也就1000人。这1000位多才多艺、能歌善舞的男导游中，能称得上多才多艺、能歌善舞、能说会道的男导游也就100人。这100位多才多艺、能歌善舞、能说会道的男导游，能称得上是多才多艺、能歌善舞、能说会道、玉树临风的男导游也就10人。这10个多才多艺、能歌善舞、能说会道、玉树临风的男导游，能称得上是多才多艺、能歌善舞、能说会道、玉树临风、潇洒漂亮的男导游也就1个。

三十万导游中，我们出门能碰到这样一个能称得上是多才多艺、能歌善舞、能说会道、玉树临风、潇洒漂亮的男导游，概率太小了。但今天，各位非常幸运！（众人哗然，继而大笑）我发现今天的朋友都非常聪明了。接下来，我就做一下自我介绍。

案例来源：柏莹，赵金霞，张莉．导游口才教程［M］．北京：中国财富出版社，2012：147.

以下是某导游带领游客来到绍兴周恩来纪念馆的一段讲解：

各位游客：周恩来是一位深受人民爱戴的好总理，他把毕生的精力献给了党和人民的伟大事业，是卓越的无产阶级革命家、政治家和外交家。他生前曾多次谈到自己是绍兴人，称绍兴是自己的故乡。

周恩来祖居在今劳动路，旧称宝祜（hu）河沿，掇（duo）木桥头。大家请看，这是一幢坐北朝南，具有明代建筑风格的房子，富有传统特色。

以下是某导游带团前往天涯海角风景区的旅游车上的讲解：

今天我们去“体验”一下走天涯下海角的情景。我相信，你们很想前往这么个带有神奇色彩的地方。到北京旅游的人们常说“不到长城非好汉”，今天我要说，“不到天涯海角不罢休”。

我为诸位有机会到此一游而感到骄傲，大家想想，在我们漫长的人生道路上，假如有机会到过天涯海角，这个被李德裕（流放至此的唐朝两度宰相）称为“鬼门关”的地方，试问在我们今后的人生道路上，还有什么克服不了的艰难困苦呢？一切困难与到天涯海角相比显得无足轻重，暗淡无光了。这是我此时的第一个想法。

此外，我发现在我们中间有许多成双成对的伴侣，有恩爱的老夫老妻，也有卿卿我我的年轻情侣，我羡慕你们，为你们高兴。你们想过吗？你们手拉着手，肩并着肩来到天涯海角，丈夫把妻子带到天涯海角，妻子则跟着丈夫到了天之边，海之角，请问你们这一辈子还会分开吗？我相信你们一定会更加相亲相爱，心心相印，白头偕老，永不分离。

女士们，先生们，我们很快就要到达目的地了，现在我给大家简单介绍一下几个主要的景点，诸位见到的一座巨石上面刻着四个大字“南天一柱”。根据中国传统的说法，天是圆的，它由地上四个角的四根柱子支撑着，这就是一根柱子的化身，他支撑着南天，让人民安居乐业。除此之外，我认为，它更能代表海南人民坚强、勇敢的性格，是海南人民的象征。到了天涯海角，诸位会看到两座巨石，上面分别刻有“天涯”“海角”的字样，这就是我们的目的地。在此我有一个提议，到了天涯海角咱们来个集体合影好吗？希望这张合影能给各位留下永久的记忆，谢谢！

资料来源：全国优秀导游林青《天涯海角导游词》，转引自豆丁网导游讲解技能和语言艺术文档。

讨论

请大家比较以上三个导游词的风格类型并尝试进行模拟讲解。说一说自己更偏向或更适合哪种风格。

第三节　导游语言艺术的运用原则

导游服务工作要求导游人员在工作现场能以准确、高雅的语言，生动形象地进行导游讲解。有志成为一名高水平讲解服务的优秀导游人员，不仅要有坚实的语言功底，还要在运用语言时能遵循“准确、清楚、生动、灵活”的原则。

一、准确性原则

准确，即导游语言的规范性、正确性。这是导游语言科学性的具体体现，是导游人员在导游讲解时必须遵守的基本原则。导游人员的语言要做到正确，必须注意以下四个方面：

（一）语音、语调、语法正确

导游人员的语音、语调和语法要正确，否则游客就会听不懂，无法达到表达思想、传递信息的目的。为此，导游人员要勤学苦练，讲地道的外语或标准的普通话，因需要插入的方言应地道标准，普通话则要注意发音清晰正确，避免咬字不清或发音错误的现象，发音中除了拼音错误外，还有一种是语调错误的现象。词语搭配合理、语法结构正确是语句通顺、语义清晰的关键。词语搭配重在遣词造句，关键在于平时积累。语法结构正确需要把握标准外语或普通话的语法范式，如普通话的语法结构多为主谓宾定状补，避免受到方言表达的影响。网络上有一段调侃地域方言特性的段子说，某地语言表达多用倒装句：忙得差不多了吧你！这件事这样处理不太好我觉得！普通话中，表动态的副词一般放在动词前面，您先请，您先动筷子！如果说成：您请先，您动筷子先，就是状语置后了。

1. 适度、优美的语音、语调

导游人员在导游讲解时音量大小、声音高低要适度，以旅游者听清为准，避免声音过高。音量过大则会形成噪声，对旅游者是一种刺激和伤害，时间长了还会引起旅游者的烦躁情绪。声音过低、音量太小使旅游者听起来吃力，容易疲劳；同时会使旅游者感到导游人员讲解没有把握或自信心不足，更为要害的是导游人员的声音太小了以至于使旅游者听不清他（她）在讲什么，就从根本上起不到导游语言传递信息的最基本的作用，直接影响导游服务的质量。

导游人员在导游讲解时，语音、语调要标准，要符合所用语种的讲话习惯，使旅游者听起来亲切、舒服。语音、语调既要正确、优美、自然，还要富于变化，悦耳动听，要对旅游者有感染力，激发其游兴。

2. 掌握导游语言的节奏

导游语言的节奏是指说话的快慢和语句的断续停顿。节奏运用得当不仅使旅游者听得清楚明白，还会使其心领神会从而达到更好的旅游效果。在导游工作中，导游人员应注意观察旅游者的反应、理解能力等，根据当时的具体情况决定讲解语言节奏的快慢。例如，在刚刚接到旅游团导游人员致欢迎词时的讲话速度就要比平时慢一些，声音略大些，最好不使用扩音器，这样不仅旅游者能听到导游人员真实的声音，而且可以清楚地观看到导游人员讲话时的口形。这样做有助于缩短旅游者适应导游语言的时间，尽快为导游服务创造最基本的条件。待旅游者逐渐适应了导游人员的语音、语调后，再适当加快语速。在向旅游者讲解各种注意事项时，声音就应增高，音量要放大，速度要放慢，更应将重音落在具体的时间、地点上。

（二）内容正确

了解、熟悉所讲、所谈的景物和内容，是运用好导游语言的基础。如果导游人员讲解的内容不正确，不但不能准确地反映所谈事物的本来面貌，还容易误导游客。因此，导游在讲解时，有关历史沿革、数据、地质构造等必须准确；故事传说、民间传奇也要有据可查，不能道听途说，信口开河；若遇到说法不一致的地方可忽略不讲或选择有代表性的意见介绍给游客。例如，有关庐山名字的由来就有三个传说，无一定论，导游员应该将其全部告知游客，而不能由导游员自行主张进行定论。

（三）观点正确

导游人员是一个地方文化的传播者，甚至是国家形象的代表、民族尊严的维护者。因此，导游人员要有严肃、认真的科学态度，对所讲内容要有正确的观点，实事求是地运用恰当的语言进行表达。为此，导游人员要有锲而不舍、勤学苦练的精神，只有这样才能不断进取，认真地对待语言中的每一个词语，使之符合语境并正确地反映客观实际。

（四）正确使用成语、名人名言

在导游服务中，如果导游人员不能正确使用成语、名人名言，不仅不能使讲解内容生动，反而还会弄巧成拙。因此，导游人员要充分理解成语、名人名言所指的含义、适用的场合，避免成语错用、名人名言张冠李戴，才能起到画龙点睛的效果。譬如，导游人员在武汉黄鹤楼向游客介绍："说起天下名楼，黄鹤楼以楼姿之雄伟、历史之悠久闻名，首当其冲可以算得上三大名楼中的第一楼。""首当其冲"这个成语的含义是首先遭受灾难，用在以上语境显然不合适。

二、清楚性原则

清楚是导游语言科学性的又一体现，要求导游人员在导游讲解时应该思路清楚、重点清楚、内容清楚。

（一）思路清晰

导游人员应根据思维逻辑，理清思路，将要讲的内容分前后次序，即先讲什么、后讲什么，使之层层递进，条理清楚，脉络清晰。要做到思路清楚，可以依据"总分总"的方法，先进行总体概括，再将一个景区或一个景观进行分段讲解；在内容的顺序上则按照游览的顺序先外后里（入口到出口布局），先低后高（高层建筑从低层到高层）进行布局，注意正确使用、习惯使用连词等表示逻辑顺序的词语。

【同步案例】

一段介绍武汉黄鹤楼的导游词

大家看，二楼中陈列着唐宋元明清和现代六座黄鹤楼模型。它们各自代表了其所处各自时代的建筑风格。您瞧，这座唐朝的黄鹤楼，一楼和城相连，外看只有两层，整体结构比较简洁、粗犷，给人一种古朴、雄浑的感觉。再看一下宋代的楼，由楼、台、轩、廊四部分构成，每层翘首重檐，飞达四敞，展现了宋代精致、隽逸的艺术风格。元代的形式延续了宋代的风格，明代则依然是两层。大家再看，这里还有一些布篷之类的东西，您知道这是干什么用的吗？没错，这就是咱们古时人们用的遮阳伞。请看这边清朝的黄鹤楼，它分三层：第一层有12个檐，代表着一天12个时辰；第二层12个檐，代表一年有12个月；第三层的24个檐则代表一年24个节气。能将中国传统的天文历法文化融入其中，是它的最神奇之处了。遗憾的是在1884年的夏天也就是清光绪十年，它被雷火击毁了。最后一座就是现在的黄鹤楼了，它以清代黄鹤楼为基本，于1984年重修，既不失黄鹤楼传统的独特造型，又比历代的楼更加雄伟壮观。

点评：这段导游词的语言表达层次分明。按照历史朝代顺序，首先介绍了唐朝黄鹤楼的特点，再介绍宋代黄鹤楼的特点，然后是元代、清代，最后到现代黄鹤楼。由此可见这位导游人员对此景点介绍时思路清晰，具有很强的逻辑思维。

（二）重点突出

每一个景区的占地面积大小不等，从景区的设施、环境塑造、核心景观与辅助景观的布局上讲，一个有品质的景区往往景观丰富或占地面积较大，景区讲解如果面面俱到，不仅时间不允许，也难以给游客留下深刻的印象。因此，导游员要做到讲解对象详略得当、突出重点。

（三）语言通俗易懂

导游讲解的语言主要靠口语传达，口语传播短平快，游客不可能像看书面文字那样反复阅读、反复揣摩，也不可能根据自己的听力水平决定暂停，能否听得清楚、听得明白需要从宾客方得知。所以要根据口语“同时性、短时性”的特点，采用浅显易懂的口语化语言讲解。因此，导游的解说词多来源于书面语，在讲解中要把书面性的解说词变成口语化的语言。

1. 改书面词语为通俗词语

即根据口头语言表达习惯，将书面词语改成通俗易懂的词语，让旅游者听起来更清楚、明白。例如，导游员在介绍包公祠的位置时这样说，“包公祠坐落在古城开封的西南隅”，其中的“隅”字，现在在口语中已基本不用，应该用“角”这个通俗的字来讲解。再如，导游词范文中关于必背瑶寨的名称来源这样说，“必背瑶寨地处乳源瑶族自治县城东北54公里的崇山峻岭中，距韶关市区56公里，因有小山形如鳖鱼背，故名‘鳖背’，由于鳖字笔画多难写，讹为必背”，其中的“故名”现代口语中中多说“所以得名……”“所以取名……”等。所以，导游员应该根据实际需要修改导游词，不应该背范文。

2. 改长句子为短句子

口语化的句子一般都较短小，虽然也有长句，但一般要在长句的中间拉开距离，分出几个小句子来。句子太长不仅听着费劲，理解上也更加困难。

【比一比】

1. 这里有一片美丽的湖泊，叫包公湖，相传一千年前宋代管理京城的开封府就被埋在湖面 9 米以下。为纪念中国历史上的著名清官包拯而建的包公祠就位于包公湖畔。

2. 这里有一片美丽的湖泊，叫包公湖。开封府就被埋在湖面以下，深达 9 米，它是一千年前宋代管理京城的机构。为纪念中国历史上的著名清官包拯，我们修建了包公祠，就坐落在包公湖畔。

三、生动性原则

生动、形象是导游语言听觉审美的重要体现，是导游语言艺术性和趣味性的具体体现。生动的导游语言不仅能调动游客的积极性，也能拉近导游人员与游客之间的距离。导游员要做到语言的生动性就要善于使用形象化的比喻，使所言之物活起来。例如，“远看长城，它像一条长龙，在崇山峻岭之间蜿蜒盘旋”，该形象化语言立即呈现出长城远观的盛况。还应善用游客熟悉的人和物进行比较，让游客理解。例如，东北血肠与南方腊肠在制作材料、工艺上比较。此外，还应掌握语言的节奏，做到通顺、流畅。“台上五分钟，台下十年功”，导游员能否像一个舞台的主角将游客吸引，也需要一番本领。不是带团前拿一个范文熟悉了事，而应做好充分准备，掌握资料，熟悉各种知识但又不能“死背书本、范文”，对问题提前查阅、对内容及时更新，同时对掌握的知识进行口语化处理。要想在旅游中让旅游者有浓厚的兴趣，导游员的语言还应注意趣味性。导游语言应使游客感到轻松愉快、妙趣横生。因此，导游员要努力使情景与语言交融，激发旅游者浓厚的游兴。

【练一练】

导游顺口溜：山字篇

中华多山，最有奇观；春夏秋冬，万般变幻：

飞雪长白山，避暑往庐山；

日出数泰山，晚霞岳麓山；

奇秀峨眉山，奇险数华山；

道场武当山，寺群五台山；

水中普陀山，谜地虎丘山；
少林卧嵩山，伟人出韶山；
探宝祁连山，丹霞武菀山；
云海恋黄山，红叶赏香山；
世界最高点，喜马拉雅山。

【同步案例】

巧用比喻

导游员介绍湖北省博物馆馆藏出土文物鉴缶：游客朋友们请看，这套国宝级文物鉴缶，是由方鉴和方尊缶组成。尊是酒器，鉴是水器。古人将冬天窖藏的冰放于鉴内，再将盛酒的尊缶放置其中，这样一组合，就如同一个现代化的冰箱一样，起到制冷冰酒的作用。因此，即便是在炎炎夏日，也可以喝到冰爽宜人的美酒，我们的古人是不是很聪明呢！

该导游员在介绍出土文物时，将鉴缶比作现代化的冰箱，游客便很好地理解了它的功能和原理。

另外，导游人员在讲解时，应力求表情、动作的有机配合，在面对不同性质的讲解对象时应有与景物性质相匹配的情感投入，在声调、表情、节奏、手势上巧妙结合，进而使讲解声情并茂。例如，在烈士陵园、革命纪念馆等场地，导游员对革命英雄的讲解应该是崇敬的语气，面对牺牲、流血的场景应该是沉重的表情，面对祖国的大好河山应该是赞颂的语气、豪迈的情怀。这就对导游人员的情感投入的细节提出了更具体的要求。

【同步案例】

苏州西湖洞庭山的石公山

在景色如画的苏州西湖洞庭山的石公山上，一位导游员对游客描绘说："朋友们，我们现在身在仙山妙境，请看，我们的背后是一片葱翠的丛林，面前是无边无垠的太湖。青山绕着湖水，湖水映着青山。山石伸进了湖面，湖水'咬'住了山石。头上有山，脚下有水。真是天外有天，山外有山，岛中有岛，湖中有湖，山如青龙伏水，水似碧海浮动。"接着，他跌宕有致地吟道："茫茫三千顷，日夜浩青葱。骨立风云外，孤撑涛声中。"

四、灵活性原则

灵活，即根据不同的对象和时空条件进行导游讲解，注意因人而异、因地制宜。根据这一原则，在讲解中，导游人员要灵活使用语言，使特定景点的讲解适应不同游客的文化修养和审美情趣，满足他们不同层次的审美需求。例如，工人群体对技术可能更感兴趣、学生群体可能更喜欢验证学过的知识或探求未知的知识，导游人员要灵活安排讲解内容，使其深浅恰当、雅俗相宜，努力让每一位游客都能获得想要的体验。

要达到这一要求，导游人员首先要尽快了解旅游者的相关背景，如年龄、职业、爱好、宗教信仰等；同时还要了解客源地的风土人情、自然地理，然后做出正确的判断，最后选择适当的方法做内容讲解。切忌"千人一词""千团一词"，死记硬背式的呆板语言不仅使旅游者产生厌烦情绪而游兴大减，导游人员自己也会犹如嚼蜡。只要导游人员思想重视、潜心钻研，在导游实践中不断积累经验，驾驭语言的技能一定会很快提高并从中感到无穷的乐趣。

第四节　导游语言的运用技巧

一、类比法

类比法是将要讲解的景物与其他景物进行对比讲解，其他景物可以是较知名的，也可以是旅游者熟悉的，以达到让游客触类旁通的讲解效果。一般分为同类相似类比和同类相异类比。

同类相似类比，就是将相近的景物进行比较说明，以让游客更好、更快理解的一种方式。例如，时间相似：文艺复兴时期是中国明朝。性质相似：梁山伯与祝英台就类似西方的罗密欧与朱丽叶，皆为爱情悲剧。经济地位相似：北京的王府井与巴黎的香榭丽舍大街……不胜枚举。

同类相异类比，就是将不同的景物进行比较说明，让游客在差异之中加深对眼前景物理解的一种方式，在跨文化交流中，此方法十分有利于达到讲解的通俗性。同类相异事物之间的比较非常繁多，导游可从时代、地域、性质、价值、意义等各种不同角度进行类比，帮助旅游者利用游客熟悉的事物加深对中国历史文化的理解。例如，将唐代的长安城与东罗马帝国的首都君士坦丁堡相比，将颐和园与凡尔赛宫花园相比等，已成为行业经验。

【评一评】

以下运用了类比法中的哪种类比方式?

一导游员是这样介绍黟县西递古民居群落的："各位朋友，如果想看看明清时古代帝王的宫殿，请到北京故宫参观；如果想看一下明清时普通老百姓的民居，下面我就带大家游览西递。"

导游员以"类比法"恰当地指明了西递古民居在我国建筑史上的地位，加深了宾客对西递村村落建筑的认识。

二、重点讲解法

这是突出讲解内容，避免面面俱到的讲解方法，该方法有利于加深宾客对景物的了解并留下印象。重点的选取可以从景区特性、游客兴趣确定。

1. 针对景区

（1）突出代表性景观。对大型景区，导游员必须做好周密的计划，确定重点景观。这些景观既要有自己的特征，又能概括全貌。到现场游览时，导游员主要讲解一些具有代表性的景观。例如，黄山迎客松、泰山岱庙、云海日出等。

（2）突出与众不同之处。同类景区不同质的现象比比皆是，如同为佛教寺院，其历史、宗派、规模、结构、建筑艺术、供奉的佛像各不相同，导游员在讲解时应突出介绍其与众不同之处，以有效地吸引游客的注意力，避免产生雷同的感觉。

【同步案例】

开元寺与白马寺的特别之处

开元寺位于福建省泉州市鲤城区西街，是中国东南沿海重要的文物古迹，也是福建省内规模最大的佛教寺院。该寺始创于唐初垂拱二年（686 年），初名莲花道场，开元二十六年（738 年）更名开元寺。现存主要庙宇系明、清两代修建，南北长 260 米，东西宽 300 米，占地面积 78000 平方米。1982 年，开元寺被列为第二批全国重点文物保护单位。开元寺布局，中轴线自南而北依次有：紫云屏、山门（天王殿）、拜亭、大雄宝殿、甘露戒坛、藏经阁。

白马寺位于河南省洛阳市老城以东 12 公里，洛龙区白马寺镇内。创建于东汉永平十一年（公元 68 年），中国第一古刹，世界著名伽蓝，是佛教传入中国后兴建的第一座官办寺院，有中国佛教的“祖庭”和“释源”之称，距今已有 1900 多年的历史。现存的遗址古迹为元、明、清时所留。寺内保存了大量元代夹纻干漆造像如三世佛、二天将、十八罗汉等，弥足珍贵。1961 年，白马寺被国务院公布为第一批全国重点文物保护单位。白马寺整个寺庙坐北朝南，为一长形院落，总面积约 4 万平方米。主要建筑有天王殿、大佛殿、大雄宝殿、接引殿、毗卢阁等，均列于南北向的中轴线上。

（3）突出“……之最”。面对某一景点，导游员可根据实际情况介绍这是世界（中国、某省、某市、某地）最大（最早、最长、最古老、最高、最小、最短；第一）的……，如介绍洛阳的白马寺是中国最早的佛教寺院，开元寺是福建省内规模最大的佛教寺院等。有时第二、第三也值得一提，如长江是世界第三河……但一定要注意划定“之最”的范围，千万不能弄巧成拙。有时范围划定不同，比较的结果也不一样。例如，云南的抚仙湖是云南省第一深水湖，也是中国第二深水湖；鄱阳湖是中国第一大淡水湖，也是中国第二大湖，位于江西省北部。前者是省内比较再国内比较，凸显湖的深度；后者是国内比较，凸显湖的面积。

2. 针对游客

导游员在导游服务中要注意游客的职业和文化层次，以便在游览时重点讲解旅游团内大多数成员感兴趣的内容，投其所好的讲解方法不仅能否激发游客兴趣，也能够为导游员探求讲解的重点。

三、互动讲解法

导游语言具有沟通、传播信息的作用，因此在讲解的过程中，导游员应随时留意游客的反应，通过问答互动、聊天互动、猜谜互动等方式，加强游客参与程度，避免导游员“满堂灌”、游客听到没听到、听得如何却不得而知的局面。

1. 问答法

问答法是导游员与游客之间通过一问一答的方式进行互动，主要有客问我答、我问客答和自问自答、客问客答四种形式。

客问我答是游客提出问题，导游员给予解答的形式。游客的问题是没有预见性的，有的简单，有的可能超越了导游员的知识范围，还有的可能是不可理喻的问题，但积极回答、巧妙回答是基本的原则，这对导游人员的语言艺术和知识储备提出了挑战。

我问客答是导游员提问、引导游客回答的一种形式，是导游员主动激发游客参与的一种形式。因此，所提问题应该是在游客知识范围中的问题，以尽量减少游客无法参与的尴尬；即使游客回答错了，也不能直接否定，应该给予鼓励。

自问自答是导游员自行设问、自行给出答案的形式，这种形式主要起到提醒注意的作用，这种形式适用于游客难以回答的问题。

客问客答法，即游客提出问题，导游员不回答而是引导其他游客回答的方法。有时当游客提出某一问题的时候，导游员不立即做出回答，而是把这个问题又转给其他的游客，让其他的游客来回答，这样能调动游客的积极性、活跃气氛。导游员要从中扮演好“导演”角色。

【同步案例】

游览西湖时的提问

刚才有的朋友问西湖的水为什么这样清澈纯净？

这就从西湖的成因讲起：西湖在 12000 年以前还是与钱塘江相通的浅海湾，耸峙在西湖南北的吴山和宝石山，是环抱这个海湾的两个岬角。后来由于潮水的冲击导致泥沙淤塞，把海湾和钱塘江分隔开来，到了西汉时期（前 206 年至 24 年）西湖的湖形已基本固定，西湖真正固定下来是在隋朝（581—618 年），地质学上把这种由浅海湾演变而成的湖泊叫潟湖。此后西湖承受山泉活水的冲刷，再经历过历代由白居易、苏东坡、杨孟瑛、阮元等发动的五次大规模的人工疏浚治理，终于从一个自然湖泊成为风光秀丽的半封闭的浅水风景湖泊。

2. 猜谜法

导游员提出谜语供游客猜谜底的一种互动形式。猜谜法其本质也是问答法的一种，但因谜面多来自引用且谜语经典，因此非常有趣味性，所以单独列出说明。例如，导游员带游客欣赏福建海洋文化、信仰文化时，可以给游客提出一个谜语“母系氏族，打一神话人物”，就可以顺势引出妈祖信仰。

3. 聊天式互动

导游人员与游客聊天互动应围绕行程、景观及与本次旅游相关的话题，切忌漫无目的的闲扯、打探，导游员应随时记住自己的角色与身份，摆正对客服务的心态，维护自身良好的形象。因此，聊天时忌吹牛、忌炫耀、忌轻浮；不要过多和某一两个游客聊天而忽略团体；话题选择上应随机应变，既要让游客开心，也要让游客获得必要的旅游知识。

四、分段讲解法

分段法是将一个景区或景观化整为零的讲解方法，通过分段加强讲解的逻辑性和层次性。一般分三大段或三部分：第一部分作总体概况说明，说明历史、等级、位置、占地面积、旅游价值等；第二部分作景观讲解，边游边讲，将游客带入景观细节画面；第三部分做总结。介绍杭州西湖时，一般先从其概况、传说、成因开始讲起，继而带出“一山、二堤、三岛”“西湖新旧十景”等具体景点的讲解。旅游者边欣赏沿途美景，边倾听导游员有声有色、层次分明、环环相扣的讲解。

五、触景生情法

触景生情法就是见物生情、睹物思情、借题发挥的讲解方法。在导游讲解时，导游人员不是枯燥说明，而是有感而发、借题发挥，利用眼前景物制造情境，使游客产生联想和共鸣，从而领略景物之美、领悟景之趣味。

【同步案例】

导游领着游客来到三清山龙潭边一片山谷时这样讲解：“1935 年方志敏部近 700 余人就是在这里被国民党军围困，弹尽粮绝，饥寒交迫，大部分人阵亡，尸骨遍野血流成河。这个平平常常的山谷，没有高耸云天的纪念碑，没有烈士们顶天立地的雕塑，只有些古树静静站着，只有些不知名的野花静静绽放。当历史离我们如此接近的时候，那份感动、那种震撼竟然是那么强烈，让人犹如被一道闪电击中一般，不能自已。”

触景生情贵在发挥，要自然、正确、切题地发挥。导游人员要通过生动形象的讲解、有趣而感人的语言，赋予没有生命的景物以活力，注入情感，引导旅游者进入审美对象的特定意境，从而使他们获得更多的知识和美的享受。

六、模糊法

运用不确定的或不准确的语言进行导游讲解的一种方法。

如下图所示，这个刻在石崖上的是什么字呢？

这是在桂林阳朔鉴山崖壁上的一个石刻字，是一个草书“带”字。一位导游员在讲解时说：那个“带”字形石刻像“带”，又不是“带”，似一个字又不是一个字。这是清代王元仁的手笔，他写的这字到底有什么含义呢？有人说它包括“一带山河，少年努力”八个字，也有的说包括“一带山河，举世无双，少年努力，万古流芳”十六个字，还有的说是由“一带山河甲天下，少年努力举世才”十四个字组成，其笔意到底是什么，谁也说不清。大家若有兴趣，可以仔细琢磨一下。导游员故意采用模糊法进行模棱两可的讲解，让游客在观赏中进行选择性思考，以增添游兴。

七、画龙点睛法

画龙点睛法就是用凝练的词或简练的语句概括总结所游览景点的独特之处，以给旅游者留下突出印象的讲解方法。例如，导游人员可用早（历史年代早）、长（建都时间长）、全（文物门类全）、高（艺术水平高）、大（气势规模大）这五个字来总结西安文化的基本特征。

讨论

1. 你认为什么样的导游员最受游客的欢迎？
2. 如何成为一名优秀的导游讲解员？

【本章习题】

1. 请灵活使用讲解技巧，设计讲解本地的一个景区或校园。
2. 每一位同学准备一项才艺，为导游讲解做准备。

【本章案例】

一位受欢迎的导游员的自述

作为一名导游员，我深深地知道，平铺直叙地像背书一样去讲导游词对游客来说简直是吃力不讨好。游客出去玩就是图个开心、图个氛围，导游员所讲的东西必须要能引起他们的兴趣才行。所谓导游词大全上的导游词太书面化，不加工润色地讲出来是没有效果的，因此，我不仅记熟书上的导游词，还花了很久的时间到旅游论坛上找相关的趣味导游词。平时没事的时候我还看看《读者》或是《青年文摘》之类的杂志，记些小故事、看些野史。有时间我还会将景点的讲解融入故事里，我想这样游客会更有兴趣的。除了要学会景点的讲解外，在车上的娱乐也是非常重要的。

例如，去黄山的团，在车上一去一回的时间需要将近5个小时，如此长的路程时间，作为导游我觉得有义务让游客整个行程中都能获得快乐。在车上基本是娱乐活动，如唱歌、做小游戏、讲故事，这是一个互动的过程。要带动游客主动地参与，导游首先自己要懂点什么。如果自己都不会，就很难要求游客很好地配合了。我特地在之前学习了一段安徽本地的黄梅戏，《谁料黄榜中状元》，客人非常有兴趣，并积极与我互动。在旅游景点中，要时刻与游客保持联系，注意团队的人数，这就考验导游的细心了。还有，在游玩中，适度地与客人开开小玩笑，也是起到润滑剂的作用。

讨论与思考

该导游员有哪些值得学习的地方？

【本章实训】

一、实训目的与要求

1. 目的

掌握导游语言的语调、语速，练习正确发音。

能准确清晰地表达情意，具有较好的口头表达能力。

按照导游语言的基本要求，在导游服务过程中提供正确、规范、优美的语言服务。

培养学生主动交际意识，在实际工作中增进与顾客之间的了解和信任。

基本具备对不同类别游客采用不同劝说方法的能力。

能够掌握灵活运用导游交际的常用技巧。

2. 要求

给出的模拟场景中练习正确使用导游语言，逐步达到导游语言的基本要求。

讲述故事时，练习掌握音调，控制语速，学习优美的发音。

游览过程中的安全提示，提醒语的表达，把握语言表达的逻辑性、规范性和人性化。

调节游客情绪的语言表达要做得诚恳、冷静、耐心、风趣。

协调融洽游客关系时的言辞，要表现真诚、尊重和理解并有一定的艺术性。

善于察言观色，把握交际语境，掌握不同场合下语言表达的技能和方法。

掌握常用的基本交际语言技巧。

二、实训相关知识

1. 导游语言的基本要求（略）

2. 导游语言应用技巧

营造融洽的交际气氛，向游客传递富有情感的信息；态度和蔼，多考虑游客感受；敢于承认错误或失误，主动道歉，积极弥补；注重语气、语调的应用和变化，面带微笑，讲究语言艺术；婉言拒绝，刚柔并济。

三、实训内容与步骤

1. 实训前

首先，应该做好施行前的知识准备。

其次，每个学生根据实训内容确定交际话题，并将话题以书面形式交给教师。

2. 实训中

（1）基本语言练习——讲故事；分情景练习：安全提示、调节游客情绪、融洽关系、商品介绍、见面寒暄、道歉、答问。

（2）学生分配角色，设计出场景。

（3）学生分组，安排依次练习的顺序。

（4）各小组成员依次轮流开展不同情景的模拟训练。

（5）教师引导学生进行分组点评，小组成员要对练习者的表现进行评议，提出不足。

（6）最后，教师对实训进行总结和评议。

四、评价考核标准

1. 测试方法及要求

（1）按百分制计分，其中随堂测试 80 分，实训报告 20 分。

（2）根据实际操作要领对学生进行评定，每出现一次错误扣 5 分。

（3）以小组为单位，先由学生互相点评和打分，教师是最后打总分。

2. 考核表

评价项目与内容		应得分	实际得分 / 姓名			
导游规范	形体姿态、面部表情、话筒使用等	10				

续表

评价项目与内容		应得分	实际得分 / 姓名			
语言表达	流畅性、生动性、表达能力等	20				
讲解内容	完整性、正确性、逻辑性、	25				
讲解效果	创造力、感染力、亲和力、吸引力	25				
实训心得		20				
总分						

第七章

旅游服务语言案例解读①

【学习目标】

本章以旅游景区、旅游酒店等行业的真实案例为依托，为读者提供服务的真实场景，让读者在情景式的框架下思考、解决服务的问题，并从中进行语言训练。

【重点内容】

将自己置身于案例情境中，设身处地地思考问题出现的原因、问题解决的路径，再总结案例的经验与教训，最后与案例点评进行对照。

第一节　旅游酒店服务案例

案例一：炎炎夏日，空调坏了

有一次客人投诉说房间空调温度降不下来，当时就立即报修，工程部同事告知要修一段时间，当时客人情绪很激动，要求换房。但是住客率非常高，房间人员都不够，换房会导致我们自身压力很大。我就去和客人沟通，先给房间送了台电风扇并给客人提供了一些冰镇的矿泉水，看到客人带一个5岁的小朋友，又拿了两罐旺仔牛奶和纪念小礼品送给客人。但是工程部修了很久，当时客人反馈的时间是1点左右，但到了下午4点

① 本章特别感谢江西省宜春市宜春学院旅游管理专业毕业生过天成、刘建、胡志辉、刘倩、凌德忠、陈珊等同学提供了真实的行业经历与案例。

还是没有修好。客人耐不住又打电话到客房服务中心，情绪非常焦躁。我就和客人沟通："这么炎热的天气让您备受煎熬我们深感内疚，因为客房已满，实在无法为您安排新的房间，请允许我再想想办法好吗，太感谢您的理解与配合了。"经过与领导沟通，在领导同意后，我把客人带到了行政酒廊，我们行政酒廊有一个欢乐时光俱乐部，让游客在此休闲并给客人拿了一些简单的食物。到晚上六七点的时候工程部才把空调修复，这个事情才差不多结束。

点评：这是一个服务生的自述，从中我们看到了这个服务生尽职尽责的工作态度和急客人之所急、想客人之所想的对客服务心态。

案例二："为什么不给我打扫房间"

每天，客房的服务员早早就开始忙碌了，按照退客房、住客房及个别宾客个性化要求按部就班地一间又一间地做清洁卫生，可谓工作量大、劳动强度高。对于当天会退房的房间，客房服务员一般不会清扫，因为按照工作的强度，不打扫预退房确实是一种惯例。这一天，一预退房客人在10点左右吃完早餐回来的时候就质问："为什么没有打扫我的房间？"并向该客房服务员投诉了一堆餐厅的问题。服务生解释道："我们早上打扫已退的房间和有要求打扫的房间，因为不确定您是否还在房间休息，所以我们不会那么早地去帮您打扫，以免打扰您休息。若您现在方便的话，我们可以立即帮您打扫，餐厅的问题我们会帮您反映到值班经理处，稍后值班经理会给您一个满意的答复。"但是客人依然不依不饶："是不是我不要求打扫，我就享受不到一个五星级的服务，我要求房费全退！"态度坚决，气氛十分危急。最后的处理结果是值班经理给了这个客人一部分的房费折扣，并赠送了致歉礼品。这个事情对客房服务生的触动非常大，满腹委屈，认为自己一点都没错还一直被骂。

点评：客人坚持认为五星级酒店的服务应该是早于、快于客人开口之前的，并对酒店服务的主动性提出了质疑。另外，不打扫预退房是一种惯例，但却不是一种客我双方的消费规定。但服务生提出马上清扫的请求又被宾客断然否定，所以，服务工作的难就在双方站位的不同导致了分歧。

案例三：个性化服务源自观察与用心

我们常说宾客的需求整体相同、个体不同，有哪些不同，如何了解正在消费的宾客有什么个性化意向，是对旅游从业人员用心待客程度的考量。在星级酒店，客房一般都会为客人配备速溶咖啡、袋装茶包（红茶、绿茶两种多见），有心的服务生会以宾客消费多的那一款揣测客人喜好并为客人多配一些。再比如，宜人舒适的客房往往使人不觉得室外天气的变化，遇到阴雨天气，能否提醒客人带一把伞；气温骤降，能否提醒客人添加衣物防寒，这些都是酒店员工有心服务的体现。而那些常住的宾客，一次又一次地见面于走廊、餐厅、大堂，作为酒店服务生能以姓氏称呼客人吗？某些宾客经常早早起床到餐厅就餐，然后就外出了，还有些宾客卡到早餐的截止时间出门就餐，类似这些住店期间的作息习惯影响的是酒店员工服务的时间选择，所以酒店员工有必要观察宾客的习惯或特点，为其提供适时的服务。鉴于游客对环境的陌生性，服务生还应该进行科学的必要的提醒，以让游客享受到周到的服务。

总之，优秀的个性化服务往往隐藏在一些微不足道服务细节中，客人们却会因为这些细节而感觉到温暖和快乐……

某酒店管家部的楼层服务员小叶就是一位细心的服务生，其一次又一次的用心服务，给游客带来了惊喜。一天，小叶像往常一样，用心对待每一位来酒店入住的客人。第一次入住酒店的曾先生和王女士在房间便签本上留言询问酒店的 Wi-Fi 密码，细心的小叶看到了客人的需求，就在便签本下方回复了客人的留言。第二天，小叶给客人打扫房间时，看见客人有泡澡的习惯，就为客人多配了两包浴盐。两次体贴的服务让客人留下了深刻的印象。入住过程中，曾先生、王女士以及他们的朋友在楼层遇见了小叶，王女士向她的朋友不停地称赞小叶的服务，并在退房时留下了感谢的留言。

案例四：要不要给客人擦鞋

临近中午的休息时间，酒店里少了一份嘈杂，多了一份安静温馨。按照酒店工作惯例，中班的值班人数也大大减少。一家四星级酒店的客房部安排了一位男性实习生值班，值班途中接到某客房中年男人的电话，“我是 8206 房间的，过来给我擦擦鞋”，说完就把电话挂断了。该实习生第一次接到客房清洁以外的服务要求，顿时觉得崩溃，从内心觉得接受不了，但是如果不去照做，服务生又担心会受到投诉和处罚，经过一番心理斗争，实习生最终敲门进了房间。客人指着门口的四双鞋子说：“鞋在那里，你擦吧！”服务生顺势一看，鞋子只有 5 成新了，还有些变形，服务生心想：如果是自己的鞋，这样的鞋子是不会穿出门的，并且绝对会掉的。所以，内心更抗拒了宾客的这一要求，虽然最后完成了这个服务，但是该实习生出门就哭了，并且哭了很久。

点评：服务生应该给宾客擦鞋吗，按照常规服务，酒店没有这样的规定，但是按照个性化需求，似乎又是个性化服务的一种行为。服务角色的心态是决定对擦鞋服务态度的关键。如果你认为一项服务合法、合理，你可以欣然接受；如果你认为无法接受，应该给出一个解释并提出一个能够让客人认同的方案。

案例五：咖啡杯上的口红印

正值某三星级酒店早餐的用餐高峰，宾客一边品尝丰富的自助早餐，一边听着悠扬的音乐，画面很和谐。正当所有员工以为今天的自助早餐像往常一样会顺利结束的时候，一位女性宾客愤然起身，将一名服务生叫到餐桌前：“你看这是什么？”宾客一边说一边指着咖啡杯。服务生一看，咖啡杯上有一个明显的口红印。“我不涂抹口红，显然是你们咖啡杯没有洗干净！这样的卫生状况如何让人放心？！”客人越说越生气。服务生赶紧向领班转达了事情原委。领班不禁心头一紧，这错全在酒店啊！怎么办呢？根据以往主管的处理方式，领班给予宾客赔礼道歉并退还宾客早餐费用，并令人赶紧撤换宾客的咖啡杯换上一杯新咖啡端给宾客。宾客这才怒气渐消。但早餐结束后，主管对领班提出了批评。

案例点评：员工应在自己的权限范围中行使职权，该领班未将事态汇报上级领导不符合其酒店规范。尽管领班平息了宾客怒火，是否最理想的处理方式有待检验。

案例六：拾金不昧好姑娘

2018 年 10 月 24 日晚，客人用完餐，已在陆陆续续地离开酒店西餐厅。西餐厅服务员 Alan 忙碌了一天之后，显得有些疲惫，她正在认真地做着餐厅的收尾工作，不时地还微笑着和客人说再见。

在送走一批客人之后，Alan 发现刚刚离开的王先生餐桌下面躺着一个黑色的钱包。Alan 灵光一闪，瞬间全无疲惫，拿着黑色的钱包便冲了出去，生怕客人走远了，但还是没能赶上。

Alan 带着焦虑的心情回到了酒店，并把情况告诉了领班。领班检查了下钱包，发现里面有失主的身份证，于是迅速查询了预订单，通过预订单上的联系方式找到了王先生。王先生很快便折回了酒店，经过信息核对无误之后领班将钱包还给了王先生。王先生万分感谢要求要当面酬谢 Alan，Alan 委婉拒绝了，微笑着告诉王先生："这是我们应该做的。"

案例点评：服务员这种拾金不昧的精神，是旅游从业人员应有的素质，值得每一个员工赞美与颂扬！

案例七：令人惊喜的超值服务

2018 年 8 月 15 日，在某酒店的 301 包厢，服务生小吴面带微笑地热情迎接着每一位宾客，在这一过程中，他细心地发现有一位宾客带着一份蛋糕，便意识到这可能是一席生日宴。在宾客入座后，小吴上前询问宴请的一位宾客，得知今日寿星的信息，便计划着为宾客制造一份小"惊喜"：一个精美的蛋糕、一张心意满满的贺卡、一束飘香四溢的鲜花。第一次写贺卡、送鲜花、送祝福，服务生小吴可谓是在这席生日宴上经历了三件人生第一次。

"惊喜"准备就绪，小吴便邀请同事一起为寿星推送蛋糕，唱生日歌，给寿星带来真挚的祝福。寿星及席上宾客对这份"惊喜"很是感动，连连对小吴的用心表示感谢。

案例点评：我们时常在想如何做才能使宾客满意，唯有用心对待我们的宾客，想宾客之所需，预见宾客的需求，为宾客创造额外的小"惊喜"。

案例八：礼貌待人从不过时

7 月 14 日 23：30，两位来自以色列的外宾 Mr Golan 与 Mrs Regina，携带一车满满的行李来到某酒店前台，脸上写满旅途的疲倦。礼宾员 James 赶忙向前为其提供行李服务，当客人向前台咨询入住时，行李员见缝插针，向客人端上蜂蜜柠檬茶。

Golan 夫妇需要一间单人间，住五个晚上，但并无预订。因酒店当晚有团队接待，房态非常紧张，很难腾一间房给 Golan 夫妇，礼宾员 James 知道情况后立刻前去向外宾解释，让其耐心等待。经管家部和前厅部对现有房间的不断排查和调节，终于腾出一间行政套房，但该房型的挂牌价远远高于单间的价格，为此，Golan 夫妇露出焦虑的神情。细心的 James 考虑到天色已晚将近凌晨，Golan 夫妇身在异乡、人生地不熟，加上旅途奔波劳累，若没有地方落脚着实是一件令人郁闷的事情。于是，他主动向值班经理汇报情况并申请协议价入住。Golan 夫妇感激不尽，连声道谢。

入住办理完毕，前台接待员将房卡交于 James，并由 James 带领 Golan 夫妇前往酒店客房。在电梯内，James 用流利英文为首次入住的 Golan 夫妇详细地介绍酒店的设施设备及服务。

James 观察到 Golan 夫妇一路奔波辛劳，到达房间后，他将客人的行李安放好，便马上为他们调节好房间里的温度，并快速而简短地告知客人拖鞋、衣柜、无线网、灯光控制等一些 Golan 夫妇可能立即需要的房间设施。介绍完毕后，James 快速与宾客道别，以便于宾客及时休息。

次日，礼宾部收到 Golan 夫妇的表扬信。在表扬信中，Golan 夫妇如是说道："James 服务很好，非常有礼貌，酒店需要更多像 James 一样的员工。"离店时，Golan 夫妇还特意邀请 James 一起合影留念。

案例点评：礼貌待客、礼貌待人从不过时，礼貌是人际关系融洽的基本的要素，服务工作无小事，温馨体贴显真心，不仅仅是旅游服务，任何行业、任何的人际交往都离不开它。

第二节　导游服务案例

案例一：来自导游员小胡的自述

如今国内的短期游一大部分是地区散拼常被称为直通车团，指的是旅行社在一个区域内招揽游客，固定发往省内省外某一地区或者景点，这种团队旅游模式特点：短平快。多是固定发班如一周二、四、六发班等，周期短、数量大，季节性明显。所以通常这种团队更容易出问题，包括一些购物团也都是这种团型。

我曾在很长一段时间内接待这种团队。团队是广东省海滨专线，从省内出发车程单趟要 12 小时，三天行程感觉有两天都在坐车，所以游客通常比较浮躁，而且对目的地景点抱有很大的期望。到达目的地时，恰好天气预报强台风“天鸽”正往大陆行动，依据行动轨迹将会对我们所在地区产生影响，但实际影响无法预计。于是安排客人用晚餐和入住酒店，并交代详细注意事项保证安全。行程第二天行车不久，强台风登陆狂风暴雨大作，行程被迫取消将客人送回酒店。到达酒店时，部分游客情绪明显激动言语过激，对导游强加指责，总体分为几个方面：（1）这种风浪无关紧要，导游不能私自取消行程；（2）导游和旅行社为什么不提前告知天气状况，是失职将投诉；（3）行程安排这么差劲，带我们入火坑，导游必须承担责任；（4）行程景点都没有游览，还耽误时间必须退还团费。

在旅途的疲惫和巨大的期望落空下，游客十分激动，甚至有威胁性的语言。

针对客人的言行在车上做出解释：（1）明确告知台风的危害和如果继续前往景点将带来无法挽回的后果，并告知景区已封闭，不是导游随意取消行程，安全大于一切这个原则是不变的；（2）旅游合同对于台风的性质属于自然灾害，而且具有不确定性，旅行社只出团前履行了提醒义务，决定权取决于自身，导游是执行者只能在行程内做好一切服务安排，没有投诉导游理由；（3）导游是行程执行者不是决策者，行程是大家自己选的并签字的，游览线路都是大家选择认可的；（4）关于退费问题导游现在没有权利当场告诉大家，但是会把情况向旅行社反映，如果确实产生未消费的门票或补偿，将与大家协商退还。导游能给的承诺是不能百分之百让大家满意但是会百分之百努力让大家满意，即使是对退费有疑问，大家也可以向相关机构申诉调解。

明确强调完立场以后，还应该比较平和地安慰大家，旅途的意义重点不是看什么，而是和谁在看，每个人都要经历过无数次第一次，我们内陆这辈子也没见过台风吧，这也算是一大特色景点了。台风天气呢是不固定的，老天爷的脸说变就变，如果待会儿天气转好了，将第一时间通知大家游览景点，并在有限的时间内看最精华的美景。此时大家应该放松心情，因为出来玩是开心的，不是受气的，气坏了不值，先回去休息静候佳音。

案例二：导游员赴酒店为宾客索要一次性拖鞋

某导游员有一个这样的习惯，每次在接到团回酒店的路上，也就是在车上，在还没到达酒店之前，都会提前跟游客讲好住宿各方面的一些注意事项，并且跟宾客交代，酒店设施、酒店服务若有问题，先找前台或酒店其他工作人员。有一次，该导游接了一个团入住了当地一家酒店，将游客安顿好后，导游员便回去了。晚上 11 点多钟，接到了一个游客的电话，游客在电话中反映客房里少了一双拖鞋。导游员刚刚睡下，建议这位游客去和酒店沟通，这位游客说自己跟酒店打过电话了，但是酒店不给，并一再表示让导游员来一趟。导游员继续跟游客解释说：您看时间这么晚了，我也要睡了，您再跟前台联系一下可以吗？宾客一下子不耐烦了：我不管这些！然后大声吼了起来：你态度太差了，我要投诉你！迫于这样的压力，导游员赶去酒店给宾客拿了拖鞋送至房间，并给游客赔礼道歉，让他大人不计小人过宰相肚里能撑船，不要投诉。虽然事情解决了，但导游员事后想起来，仍觉得心里很憋屈。

案例三：出境旅游中的突发状况

初入职场的员工对工作环境的感知往往更加复杂，因为对环境的不熟悉或意外状况的不常见容易受到更大的心理冲击。某大学生刚入职场接触了很多的在学校里无法遇到的事，这些事让其在理想与现实的差距上更加敏感。该学生认识到：做一个导游不难，但要做一个好导游很难。导游的工作就是直接与客人面对面的接触，直接为客人提供服务的。客人参加旅游团去旅游，主要的目的都是通过旅游区放松心情获得快乐，满足好奇的心理。但是每个人的性格各异，对人对事的态度不一。要想做好导游工作，就必须学会协调和安抚，因为你不可能一一满足每个人的需求，有些人的要求你是无法满足的或者根本就不能接受他的要求。这就要求我们导游不仅要具备丰富的知识外，还必须具备熟练的服务技巧。

因为经常会发生各种突发状况，导游员是服务者，游客是享受服务的人，这个时候游客无法以团友的身份与导游一起解决问题，导游是帮助游客解决路途中大小事件的唯一人。例如，在一次港澳游的行程中就发生了这样一件事，那是一个有 33 位游客的老年团，行程第一天是清晨出发去澳门，全陪带领游客到达珠海拱北口岸排队，就要过关的紧要关头，一位老人家突然和全陪说，他忘记带港澳通行证了，全陪导游员心里一紧，怎么办呢？她迅速思索着，如果回去拿证件，来回路上至少一个小时，排队通关的游客密密麻麻，再排队也至少一个小时，如此，一切搞定与其他游客汇合的话，至少得两个小时的时间。心里急但是面上不能慌，导游员必须当机立断，否则时间浪费更多。考虑到另外 32 位游客的集体利益，导游员将这位忘记证件的老年人带到门口，好言晓之以理、动之以情，让他打车回酒店休息了。在目送游客打车离开后，导游员发现自己港澳通行证没有签澳门的，有问题，按常规也过不去！怎么办？全陪想尽办法终于过去了，此时游客已被澳门导游接团去走行程了，该全陪打了个的士，与团队会合。

案例点评：社会上很多事情无法直接用书本知识去解释和量化，需要细心对待和虚心学习，多听多看多想，所谓实践出真知，对在校生而言，确实缺乏对突发状况的应对经验，但是实习是学校到社会的过渡，是积累经验的好时机，望每一位大学生珍惜实习实践的机会。

第三节　旅游景区服务案例

案例一：孩子掉湖里了

某景区地理位置优越，又因地处郊外，周边全被小山包围，夏季温度相对会低2℃~3℃，每当夏日炎炎的季节，很多游客都来此休闲避暑。景区内有一个观景湖，旁边草地上写有温馨提示牌，但是游客被美景吸引，对提示牌可谓视而不见，总有部分游客不顾自身安危爬到假山上拍照，让小孩子一个人在旁边玩耍。保安见状劝告游客不要这样做，很危险，游客（孩子母亲）没有理会保安，继续拍照。就在保安人员和游客争吵的时候，小孩子一不小心跌入湖中，被其他游客及时发现，幸好湖水不深，游客将小孩救起。孩子的母亲到游客服务中心投诉，要景区承担全部责任。因工作人员听到游客说要景区承担全部责任，说道："你们自己也有责任，凭什么要景区全部承担。"游客听到这话，心里来火了，态度更加强硬。

分析：游客不顾自身危险爬到假山上拍照，没有照看好小孩，使其落入湖中。保安人员应随时在湖边巡查，看到有游客往假山方向去的苗头，就应立刻前去劝阻。游客量多的情况下，应多派保安人员在危险区域巡查。针对游客投诉，工作人员不应先与其争论，先告知景区负责人事情经过并请示何如处理；同时安抚游客，并帮小孩用毛巾将身上的水擦干，用衣物包裹小孩，以免着凉；再跟小孩的母亲进行简单的交流，试探她的态度，等待景区负责人做出具体处理。

案例二：地陪赚了游客餐费?

某旅游团队共十人来到一个4A级景区游玩，对景区景色甚是喜欢，一路上情绪高昂、十分开心，然而最后却因团餐费用问题闹得不欢而散，这是怎么回事呢?

领队陪同游客欣赏景区，联系地陪安排25元每人的团餐，地陪安排农家乐老板做了20元标准的团餐。用餐伊始，一切都很正常，游客觉得团餐还可以，没有出现不满情绪。快要离开的时候，有游客跟老板闲聊，"您做的饭菜很好，比我以前在外面吃的团餐好一些，不知道您做的这一桌团餐什么标准?"老板因为是第一次接待旅游团队，以前也没有做过农家乐，回答道："这一桌200元，我们都没有什么利润。"游客听后没再说什么，转头找领队讨要说法，一时整个团队炸开了锅，场面很难控制。

分析：地陪赚些外快，用餐没有出现问题，这都无伤大雅。但是地陪没有交代老板，如果有游客问起团餐费用，回答25元一位，但是没有，才出现餐费问题。同时农家乐不应自己私自回答有关团餐费用，应采用委婉的方式回绝。有关单位也应针对农家乐出现的问题多做一些培训。

案例三：桌椅不配套的会议室

某单位领导要借用景区会议室，会议室原有座位 48 个，而会议人数则为 60 人，考虑到场地略小，只在会议室增加了 12 把座椅。领导秘书就此提出异议，认为会议室只增加椅子，不加配套的会议桌不合适。景区工作人员解释道：会议室太小，会议桌恐怕放不下。秘书只好找到景区负责人，进而解决了会议桌问题。开完会之后，会议组织单位临时决定安排参会人员在景区参观，到游客服务中心前台对工作人员说："安排观光车带我们进去参观。"工作人员抱歉地笑了笑说："对不起，这件事情我不清楚，您问其他人吧。"一旁的单位领导听了有些不高兴。

分析：工作人员没有表现出服务的积极性和主动性，要么想当然地拒绝宾客请求，要么推诿不负责，在旅游服务中"不知道"是一种忌语。针对秘书提出会议桌摆不下的问题，不能直接说会议室太小，会议桌摆不下那么多；而应回答，我这边尽快给您解决会议桌问题，如果自己解决不了，应请示直属领导如何解决。工作人员在不清楚事情的情况下，应当这样说："您好，我这边没有接到领导的通知，我现在跟领导打电话确认下，如何安排，请您稍等。"

案例四：耳麦没电了

景区事先接到某单位领导秘书通知：某某时间段会有 10 人来景区参观，景区负责人安排了一名讲解员和司机，跟讲解员交代了领导及其随访人的时间与数量。让景区讲解员携带好耳麦和耳机准备讲解工作。在接到领导之后，讲解员为每个到访者发放一个耳机。讲解途中，可能是领导的耳机坏了或按到那个键跳频了，接收不到耳麦，因讲解员没有携带多余的耳机，领导只能走近讲解员以便听清讲解。没过多久，讲解员佩戴的耳麦电量不足，无法发射信号，讲解员只能加重说话的声音，宾客勉强听得到。这一幕刚好被景区负责人看到，了解情况后，立马让人送电池过来解决了这一问题。

分析：讲解员在得知参观景区的具体人数后，应准备比报过来的人数多一些的耳机，同时要查看携带的耳麦和耳机是否电量都充足。在出现突发状况的时候，应当第一时间告知景区负责人，让负责人处理突发情况，自己先向领导解释、道歉，讲解的时候提升音量，尽可能让领导都能听到。

案例五：游客的热水和工作人员的热水

景区免费提供热水服务，快下班的时候，保洁阿姨将热水器进行清洗，清洗完之后忘了打开电源键。第二天早晨没有去检查，游客到前台询问哪里有开水，工作人员说："那边有开水间，您到那边装水。""我刚从那边过来，开水间没有热水，"游客说道，"你这前台有饮水机，是否可以装一些热水？"工作人员说："不行，这是我们工作人员饮用的水，开水间是游客饮用的水。”当时游客就生气地说道：“什么 4A 景区，连提供开水的服务都没有，以后不会再来了。”

分析：工作人员不懂变通，按规定来办事，有时会造成不好的影响，换种方式，问题也就迎刃而解。另外像“不行”这样断然拒绝宾客的话语非常损伤游客的面子。工作人员可以这么说：“您是第一次来我们景区玩吧，我们这有免费提供热水服务，那边开水间坏了，已经安排人来修理了，饮水机的水还没有烧开，您先坐一会儿。”

【本章习题】

1. 根据所学过的知识，旅游服务语言除了可运用于酒店服务、导游、景区讲解服务之外，还有哪些旅游服务中应当讲究旅游服务语言艺术性？

2. 请根据自身经历或亲眼所见，整理旅游服务中的真实案例，总结其中的经验和教训。

参考文献

［1］韩鹏，刘晓芬．酒店服务实训教程［M］．北京：旅游教育出版社，2013：15.

［2］闵弘琴．前厅服务与管理［M］．苏州：苏州大学出版社，2015：44.

［3］田莉．旅游礼仪实务［M］．北京：中国铁道出版社，2017：97.

［4］郑向敏．旅游服务概论［M］．北京：旅游教育出版社，2007.

［5］唐由庆，夏林根．旅游服务语言艺术［M］．太原：山西教育出版社，2003.

［6］舒伯阳．服务运营管理［M］．北京：中国旅游出版社，2016.

［7］朱莉娅·克里斯蒂娃．语言，这个未知的世界［M］．马新民，译．上海：复旦大学出版社，2015.

［8］李熙宗等．公关语言学［M］．上海：东方出版中心，2004.

［9］刘德秀，秦远好．旅游心理学［M］．重庆：西南师范大学出版社，2011.

［10］刁晓丹．口语表达能力训练［M］．北京理工大学出版社，2015.

［11］李元授，白丁．口才训练［M］．武汉：华中科技大学出版社，2016.

［12］胡伟，邹秋珍，周红梅．演讲与口才实用教程［M］．北京：科学出版社出版，2010.

［13］施玲．播音主持创作基础理论与实训教程［M］．2 版．杭州：浙江大学出版社，2016.

［14］张澜．民航服务心理与实务［M］．北京：旅游教育出版社，2007.

［15］贝思德教育机构．公关口才训练教程［M］．西安：西北大学出版社，2002.

［16］陈言．词和天下［M］．北京：国际文化出版公司，2015.

［17］吕筱萍，胡永铨．工商管理实验［M］．杭州：浙江工商大学出版社，2009.

［18］姜军．最受欢迎的沟通方式和技巧［M］．南昌：江西教育出版社，2014.

［19］詹姆斯·史蒂芬森．中小企业营销完美指导手册［M］．北京：企业管理出版社，2007.

［20］何玉荣．浅析导游语言艺术美［J］．黄山高等专科学校学报，2002，04（03）：78-80.

［21］唐飞．前厅与客房管理［M］．重庆：重庆出版社，2016.

［22］冯海霞．旅游景区服务与管理实训［M］．2 版．上海：上海交通大学出版社，

2017.

［23］苗淑萍，齐琳，徐溢艳 . 客房服务与管理［M］. 北京：清华大学出版社，2015.

［24］薛永刚等 . 星级酒店餐饮部职责 · 流程 · 制度 · 表格 · 文案［M］. 深圳：海天出版社，2013.

［25］龙彩虹，劾天庆 . 口语交际理论与训练教程［M］. 南京：东南大学出版社，2014.

［26］黄文清，彭江平 .（酒店）服务语言艺术［M］. 北京：高等教育出版社，2012.

［27］刘慧贞，由岚 . 浅谈酒店服务中的语言艺术［J］. 对外经贸，2014（11）：125-126.

［28］冯英梅，李新泰 . 酒店员工职业安全对工作绩效的影响研究［J］. 旅游发展研究，2017（1）：29-35.

［29］曾晖，赵黎明 . 酒店服务行业员工敬业度特征与绩效研究［J］. 北京工商大学学报（社会科学版），2009，24（4）：96-100.

［30］徐爱萍，端木海，林绪强 . 高星级酒店员工心理资本与工作绩效及后续行为关系研究［J］. 企业经济，2015（2）：86-90.

［31］李艳丽，丛艳国，龚金红 . 服务认知—行为模式对一线员工服务绩效影响研究——以酒店和旅行社为例［J］. 旅游学刊，2012，27（8）：45-52.

［32］刘芳，汪纯孝，张秀娟 . 饭店管理人员的真诚型领导风格对员工工作绩效的影响［J］. 旅游科学，2010，24（4）：12-25.

［33］Luna D.，Peracchio L. Moderators of language effects in advertising to bilinguals: A psycholinguistic approach. Journal of Consumer Research，2011，28（2）：284-295.

［34］Wei L. Editorial：IJB ten years on. International Journal of Bilingualism，2007，11：1-2.

［35］Luna D.，Peracchio L. Sociolinguistic effects on code-switched ads targeting bilingual consumers. Journal of Advertising，2005，34（2）：43-56.

［36］Schmitt B.，Pan Y.，Tavassoli N. Language and consumer memory：The impact of linguistic differences between Chinese and English. Journal of Consumer Research，1994，21（3）：419-431.

［37］Tavassoli N.，Han J. Scripted thought：Processing Korean Hancha and Hangul in a multimedia context. Journal of Consumer Research，2001，28（3）：482-493.

［38］Jacobs E.，Chen A.，Karliner L.，Agger-Gupta N.，Mutha S. The need for more research on language barriers in health care：A proposed research agenda［J］. The Milbank Quarterly，2006，84（1）：111-133.

[39] Holmqvist J. Consumer language preferences in service encounters: A cross-cultural perspective [J]. Managing Service Quality, 2011, 21 (2): 178-191.

[40] Jonas Holmqvist, Yves Van Vaerenbergh. Perceived importance of native language use in service encounters [J]. The Service Industries Journal, 2013, (33) Nos. 15-16: 1659-1671.

[41] Matteo De Angelis, Vito Tassiello, Cesare Amatulli, Michele Costabile. How language abstractness affects service referral persuasiveness [J]. Journal of Business Research, 2017, 12: 119-126.

[42] Monique L. Bell, Marina Puzakova.Social influence effects on consumers' service language preferences [J]. Journal of Business Research, 2017, 72: 168-177.

[43] Allison R. Benedetti. Promoting Library Services with User-Centered Language [J]. Libraries and the Academy, 2017, 17 (2): 217-234.

[44] Johannes Marcelus Kraak, Jonas Holmqvist. The authentic service employee: Service employees' language use for authentic service experiences [J]. Journal of Business Research, 2017, 72: 199-209.

[45] Han, Heesup, Kim, Wansoo, Jeong, Chul. Workplace fun for better team performance: focus on frontline hotel employees [J]. International Journal of Contemporary Hospitality Management, 2016, 7 (28): 1391-1416.

[46] Darvish, Mahlagha, Arasli, Huseyin, Kilic, Hasan. Effect of job insecurity on frontline employee's performance [J].International Journal of Contemporary Hospitality Management, 2017, 6 (29): 1724-1744.

[47] Appaw-agbola, Esther theresa. Employee training and performance in the tourism sector: a study of selected small and medium hotels in ghana. [J]. Journal of Global Economics, Management & Business Research, 2016, 1 (7): 8-19.

附录

旅游服务英语常见词汇对照表

一、酒店部门及职位中英文名称

部门	Department
销售部	Sales Department
公关部	Public Relation Department
预订部	Reservation Department
客务部	Room Division
前厅部	Front Office Department
管家部	Housekeeping Department
餐饮部	Food& Beverage Department
康乐部	Health & Recreation Department
工程部	Engineering Department
保安部	Security Department
后勤部	Rear-Service Department
商场部	Shopping Arcade
商务部	Commerce Department
人事部	Personnel Department
培训部	Training Department
计财部	Finance & Accounting Division
财务部	Accounting Department
采购部	Purchasing Department
电脑部	Electronic Data Processing Department
市场营销部	Sales & Marketing Division
人力资源部	Human Resources Department
职位	Position
人力资源开发总监	Director of Human Resources

人事部经理	Personnel Manager
培训部经理	Training Manager
督导部经理	Quality Inspector
人事主任	Personnel Officer
培训主任	Training Officer
财务总监	Financial Controller
财务部经理	Chief Accountant
成本部经理	Cost Controller
采购部经理	Purchasing Manager
采购部主管	Purchasing Officer
电脑部经理	E.D.P Manager
总出纳	Chief Cashier
市场营销总监	Director of Sales & Marketing
销售部经理	Director of Sales
销售经理	Sales Manager
宴会销售经理	Banquet Sales Manager
宴会销售主任	Banquet Sales Officer
销售主任	Saies Officer
高级销售代表	Senior Saies Executive
销售代表	Sales Executive
销售部联络主任	Sales Coordinator
资深销售中心预订员	Sales Center Senior
销售中心主任	Sales Center Supervisor
公关经理	P.R.Manager
公关代表	P.R.Representative
公关部经理	P.R. Manager
公关部主任	P.R.Supervisor
宾客关系主任	Guest Relation Officer
客户经理	Account Manager
高级客户经理	Senior Account Manager
礼宾部经理，主管	Chief Concierge
行李员	Bellboy
女礼宾员	Door Girl
礼宾司	Door Man
客房总监	Director of Housekeeping

前厅部经理	Front Office Manager
前厅部副经理	Assistant Front Office Mana
大堂副理	Assistant Manager
接待主管	Chief Concierge
接待员	Receptionist
西餐厅经理	Western Restaurant Manager
中餐厅经理	Chinese Restaurant Manager
咖啡厅经理	Coffee Shop Manager
餐饮部秘书	F&B Secretary
领班	Captain
迎宾员	Hostess
服务员	Waiter，Waitress
传菜员	Bus Boy，Bus Girl
行政总厨	Executive chef

二、酒店常见英文缩写

GM（General Manager）——总经理

DGM——（Duty General Manager）副总

AM（Assistant Manager）——大堂经理

DOM（Director of Finance）——财务总监

FO（Front Office）——前厅部

FD（Front Desk）——前台

CONC（Concierge）——礼宾部

BC（Business Center）——商务中心

F&B（Food & Beverage）——餐饮

HK（Housekeeping）——客房部

HR（Human Resourse）——人力资源

DND（Do Not Disturb）——请勿打扰

VIP（Very Important Person）——贵宾

COD（Cash Payment on Departure）——离店时现付

三、导游服务必备词汇

Supplements Terms Non-smoking Section	无烟区
Parking Area	停车场
Unaccompanied Baggage	非随身行李（托运行李）

Supplements Terms Checked Luggage	随飞机托运的行李
Customs Luggage Declaration Form	海关行李申报单
Airport Inquiries	机场咨询
Duty-free Shop	免税商店
Duty-free Goods	免税物品
Personal Effects	自用物品
Luggage Claim Tag	行李认领标签
Passenger Route	旅客通道
Entry Visa	入境签证
Carry-on Luggage	手提行李
Snack Bar	快餐店
Itinerary	旅行计划，旅行路线

项目策划：孙妍峰
责任编辑：孙妍峰
责任印制：谢 雨
封面设计：何 杰

图书在版编目（CIP）数据

旅游服务语言的艺术、技巧与应用 / 刘德鹏编著
. -- 北京 : 中国旅游出版社, 2019.12
中国旅游业普通高等教育“十三五”应用型规划教材
ISBN 978-7-5032-6297-5

Ⅰ. ①旅… Ⅱ. ①刘… Ⅲ. ①旅游服务－语言艺术－高等学校－教材 Ⅳ. ① H019

中国版本图书馆 CIP 数据核字（2019）第 141598 号

书　　名：旅游服务语言的艺术、技巧与应用

作　　者：刘德鹏　编著
出版发行：中国旅游出版社
（北京建国门内大街甲9号　邮编：100005）
http://www.cttp.net.cn　E-mail:cttp@mct.gov.cn
营销中心电话：010-85166536
排　　版：北京旅教文化传播有限公司
经　　销：全国各地新华书店
印　　刷：河北省三河市灵山芝兰印刷有限公司
版　　次：2019年12月第1版　2019年12月第1次印刷
开　　本：787毫米×1092毫米　1/16
印　　张：8.75
字　　数：186千
定　　价：39.80元
ISBN　978-7-5032-6297-5